L’Europe face à l’Ukraine

Sylvain Kahn

L'Europe face à l'Ukraine

puf

ISBN 978-2-13-086207-9

Dépôt légal – 1re édition : 2024, février

Introduction

Guerre et paix

Ce livre propose de regarder la guerre d'Ukraine du point de vue de l'Europe. Ce qui apparaît de prime abord et immédiatement, c'est le retour inattendu de la guerre qui avait disparu du continent européen. D'autre part, en considérant l'histoire européenne plutôt sur le temps long, ce que l'on constate est la confirmation que l'Europe se forge dans les crises.

Avec l'invasion de l'Ukraine par l'État russe, on entend beaucoup que la guerre est de retour sur le Vieux Continent. Or, Charles Tilly a démontré qu'en Europe « La guerre a fait l'État, et l'État a fait la guerre ». En réalité, les Européens ne livrent pas cette guerre mais ils s'y investissent. Que révèlent cette guerre et la perception que nous en avons sur l'Union européenne ? Un État européen cristalliserait-il dans cette guerre ? La démonstration de Tilly considère une période millénaire[1]. Hagen Schulze[2], parmi d'autres, démontre comment l'époque contemporaine (de 1789 à 1945) se distingue par le fait que, de plus en plus en Europe, l'État fonde sa légitimité et celle de ses guerres dans la nation, au nom duquel il agit et qu'il mobilise. L'Union européenne agirait-elle comme un État, et ses habitants comme des Européens ?

L'idée que l'Europe se construit dans les crises a été proposée par Jean Monnet, l'un des tout premiers instigateurs de la construction européenne : « J'ai toujours pensé que l'Europe se ferait dans les crises, et qu'elle serait la somme des solutions qu'on apporterait à ces crises[3]. » Il est en effet possible de raconter l'histoire de cette construction comme une succession de crises et de relances. Le principe narratif et interprétatif est clair : si chaque crise est une épreuve pour chacun, elle met à l'épreuve la construction d'ensemble. Cette fois, l'UE n'y résistera pas ! Mais à chaque crise, coup de théâtre (ou miracle, c'est selon), les pays qui composent l'UE s'en sortent ensemble, collectivement. Ainsi, à chaque sortie de crise, l'Europe est-elle plus intégrée et appréciée qu'elle ne l'était avant d'y entrer.

Même si la réalité est moins linéaire[4], on peut dire que, dans l'ensemble, ce récit tient la route ; il fonctionne à la façon d'un mythe historique, comme Jean Monnet lui-même[5].

Avec l'invasion de l'Ukraine par la Russie, l'Europe fait face au retour de la guerre et à une crise. À de l'inédit et à du familier. Pour comprendre ce que l'Ukraine fait à l'Europe, commençons par narrer brièvement ce récit auquel on s'est habitué : une histoire de crises et de relances.

L'Union européenne : une succession de crises et de relances ? (1950-2020)

La brève histoire de la construction européenne est classiquement narrée comme une succession de crises et de relances. Il est vrai que plusieurs épisodes de blocage ont débouché sur davantage de politiques publiques et de décisions mutualisées par les Européens : elles sont conçues et prises ensemble par les États membres assemblés au sein du Conseil de l'Union Européenne, la Commission européenne et le Parlement européen, puis déclinées dans chaque pays par les autorités nationales. L'idée est que, paradoxalement, grâce à cette mutualisation, chaque société européenne bénéficierait de plus d'autonomie et de marge de manœuvre dans l'espace mondial. Le terme d'*approfondissement* désigne cette dynamique.

La crise de l'échec de la Communauté européenne de défense (1954) a précédé la relance par le traité de Rome (1957) ; la crise de la chaise vide (1965) a été suivie par la relance du sommet de La Haye (1969) ; les Européens sont sortis de la crise du blocage thatchérien (1979) par la relance du sommet de Fontainebleau (1984) ; ils ont fait face au défi de la chute du mur de Berlin (1989) par le traité de Maastricht (1991). Toutefois, entre 2005 et 2020, plusieurs registres de crises se sont additionnés sans relance : rejet de la Constitution européenne (2005) ; crise des dettes souveraines et de la zone euro (2010) ; défi géopolitique externe des puissances égoïstes (depuis 2014 : Russie, Turquie, Chine, États-Unis souverainistes sous Trump) ; défi interne de l'illibéralisme incarné depuis 2010 par Victor Orban ; Brexit (2016). Aucune des réponses n'a eu comme effet une relance : traité de Lisbonne (2009) ; Traité sur la coordination et la gouvernance de la zone euro (TSCG, 2013) et politique hétérodoxe de la BCE depuis 2012 ; élections européennes incarnées par des chefs de file de famille politique (2014) ; traité avec le Royaume-Uni (2020).

Une crise de plus s'est ouverte au début de l'année 2020, aussi profonde que surprenante et inédite : la pandémie de Covid-19 déclenchée par le virus Sars Cov 2. La réponse a pris la forme d'un plan de relance de l'économie européenne. Ce plan de relance a cristallisé un dispositif colossal de réponses aux différents registres de la crise pandémique déployées tout au long de l'année 2020. De façon imprévue, celui-ci a tranché d'un coup bien des débats et des blocages accumulés. La construction européenne s'en trouve approfondie et renforcée. L'adoption du plan de relance de l'économie en juillet 2020 va probablement rester dans l'histoire comme une relance de l'Union européenne. Qu'en est-il de la guerre d'invasion de l'Ukraine par la Russie ? En réaction à celle-ci, l'Europe a pris des décisions majeures et drastiques avec une très grande célérité.

On rappellera et on comparera ici de façon synthétique les crises précédentes qui ont jalonné la brève histoire de la construction européenne et contribué au récit pour partie mythique tiré de Jean Monnet de l'Union européenne comme addition des réponses à ses crises successives.

De la CED à la CEE

La première de ces crises a été celle de la Communauté européenne de défense (CED) en 1954 : la CED échoue car la France, l'un des pays fondateurs de la Communauté européenne du charbon et de l'acier (CECA), décide de rejeter ce projet après en avoir été l'instigatrice. Ce « jour le plus noir de l'Europe », selon le mot de Konrad Adenauer, a pourtant été suivi de « la relance de Messine » (un sommet des six ministres des Affaires étrangères en 1955) qui, de fil en aiguille, a débouché sur le traité de Rome instituant la Communauté économique européenne (CEE) en 1957.

Cette séquence instaure une ligne de partage des eaux entre les compétences régaliennes, totem non *communautarisable*, et toutes les autres, susceptibles d'être européanisées sans tabou. Cette ligne des compétences régaliennes n'a été franchie qu'avec le traité de Maastricht au début des années 1990. Dans les années 1950 et 1960, le territoire national est en France perçu comme un sanctuaire, cette représentation étant héritée de la Révolution française[1]. La désacralisation du territoire national est partielle. Cette attitude informe aussi la politique d'alliance militaire de la France. Les majorités parlementaires françaises, issues du suffrage universel, insèrent, avec l'Otan, le territoire français dans une alliance militaire forte mais refusent que des régiments et des armes des États alliés y stationnent. La CECA et la CEE mutualisent les territoires nationaux pour tout ce qui concerne la reconstruction et la modernisation du tissu économique et la prospérité de la société, et même l'encadrement de la société. Cette communautarisation des territoires nationaux ignore alors scrupuleusement la défense, la monnaie et la police, des politiques publiques nationales qui restent imperméables à la supranationalité.

La crise de la chaise vide (1965)

La France cesse de participer à la vie politique communautaire. Elle parvient ainsi à bloquer tout accroissement des compétences supranationales de la CEE (comme la levée d'un impôt ou un budget voté par le Parlement), y compris le passage au vote à la majorité qualifiée en Conseil des ministres pourtant prévu dans le traité de Rome. La politique européenne gaulliste est souverainiste. L'accord de Luxembourg qui clôt cet épisode en janvier 1966 a entériné la possibilité du droit de veto par un État membre. La majorité qualifiée n'a été mise en pratique que tout au début des années 1980. Cette crise a été suivie en 1969 par la relance de La Haye, un sommet des chefs d'État et de gouvernement lançant un premier projet d'Union économique et monétaire (le rapport Werner-Barre) censée prendre corps en 1980, une coopération en politique étrangère (le rapport Davignon) et les négociations d'élargissement au Royaume-Uni, à l'Irlande, au Danemark et à la Norvège, devenu effectif pour les trois premiers en 1973.

Ce qui est alors présenté par l'exécutif communautaire comme une extension des compétences de la CEE, envisageant la mutualisation monétaire avec une monnaie commune, va de pair avec une extension du territoire communautaire. Ce premier élargissement témoigne de la force d'attraction de l'européanisation dite alors communautaire, c'est-à-dire supranationale. En effet, il importe de souligner que la signature du traité d'adhésion de ces quatre pays appartenant à l'espace d'extension de la révolution industrielle et de la société de consommation – et, s'agissant du Royaume-Uni, au cœur même de cet espace – se fait au détriment d'une autre européanisation, par zone de libre-échange. L'Association européenne de libre-échange (AELE) cesse d'être une alternative à la CEE du jour où trois de ses membres dont le plus important – le Royaume-Uni – la quittent pour cette Europe communautaire. Les trois membres en question demandent donc à intégrer ce paradigme de la mutualisation des territoires nationaux et de la souveraineté supranationale que l'AELE, à l'image de toutes les associations régionales et de tous les processus de régionalisation à l'œuvre depuis la seconde moitié du xxe siècle, ignore. Les demandes de dérogation ou d'exemption négociées sur des sujets divers pendant 47 ans par les gouvernements britanniques dès l'entrée du Royaume-Uni dans la CEE ne changent pas ce fait – il est important ici de ne pas voiler cette singularité ni par du nationalisme méthodologique[2] ni par de l'euroscepticisme méthodologique[3].

La crise monétaire des années 1970

Face à la destruction unilatérale par les États-Unis, en 1971, du système monétaire international de Bretton-Woods datant de 1944, les Européens, plongés dans la tourmente bientôt aggravée par le choc pétrolier, sont minés par leurs divergences. Ce n'est qu'en 1978 qu'ils s'accordent sur la mise en place d'un système monétaire européen dont les effets furent rapidement éprouvés. Une crise budgétaire, provoquée par les Britanniques, prend cependant le relais à partir de 1979. La CEE tourne toujours, mais au ralenti. Cette crise de langueur prend fin en 1984 avec la relance du sommet de Fontainebleau. Lors de celui-ci, les Dix se mettent d'accord sur de nouveaux mécanismes budgétaires comprenant une augmentation globale du budget de la CEE, une baisse relative du financement de la PAC et de la contribution britannique, un financement idoine pour accompagner l'élargissement à l'Espagne et au Portugal qui se trouve débloqué, la nomination de Jacques Delors au poste de président de la Commission européenne, et la perspective d'un achèvement du Marché commun. Cette relance déboucha deux ans plus tard sur la signature d'un nouveau traité qui approfondit considérablement la logique du traité de Rome ayant institué la CEE : l'Acte unique européen (AUE).

Avec ce traité, entré en vigueur en 1986, les États membres font disparaître la matérialité de leurs frontières entre eux pour les personnes, les biens et les services, accentuant spectaculairement la mutualisation de leurs territoires au sein du territoire communautaire. En réaction à cette mutualisation devenue effective en 1992 et nommée par les dirigeants politiques, économiques et syndicaux « Europe 92 : une Europe sans frontières », les ministères de l'Intérieur et de la Défense de quelques États membres ont conçu la convention de Schengen étendant à certains aspects régaliens la mutualisation européenne de la souveraineté pour contrôler ensemble leurs territoires nationaux.

Ces approfondissements de l'intégration européenne sont allés de pair, cette fois encore, avec une extension du territoire communautaire à l'Espagne et au Portugal, c'est-à-dire à deux pays et sociétés moins industrialisés qui, sitôt sortis de la dictature, ont souhaité à leur tour l'européanisation de leur État et de leur territoire.

Après la chute du rideau de fer, l'Europe s'élargit

Au tournant des années 1990, la Communauté européenne fait face à un défi géopolitique : les conséquences de la chute du rideau de fer. Ce défi n'a pas provoqué de crise dans la construction européenne, il a été relevé non sans brio s'agissant de la chute du communisme et de l'empire soviétique. Il ne l'a pas été s'agissant de la guerre en ex-Yougoslavie, marquée par une impuissance velléitaire d'Européens divisés durant quatre années (1991-1995). En réponse à ce défi, le traité de Maastricht instituant l'Union européenne approfondit et consolide cette construction. Ce traité lève en effet le tabou de l'européanisation du régalien en place depuis le rejet de la CED en 1954 ; grâce à lui, les dirigeants politiques des États européens décident de mutualiser des éléments de compétences régaliennes. S'agissant de la monnaie, cette mutualisation est totale, avec une monnaie et une banque centrale uniques. Pour ce qui est de la diplomatie, de la défense, de la justice et de la police, cette mutualisation est très partielle, et progressive. Forts de cet approfondissement, les dirigeants et les représentants nationaux s'accordent sur un processus d'élargissement considérable de l'Union européenne aux nombreux pays qui candidatent simultanément : les États neutres situés entre l'UE et l'empire soviétique d'une part et les États à l'Est de l'ancien rideau de fer qui s'affranchissent de l'emprise soviétique et russe d'autre part. Les Européens finissent aussi par être capables, à partir de 1995, d'instaurer la paix entre les pays de l'ex-Yougoslavie, et de les soutenir par une politique civilo-militaire de coopération et de consolidation de l'État.

Rappelons-nous que la décision de substituer l'euro, une monnaie européenne, aux monnaies nationales est antérieure à l'effondrement du bloc de l'Est. Les chefs d'exécutif européens ont lancé le processus dès 1988 en instituant le comité Delors (comité d'étude pour l'Union économique et monétaire). Le fait que les pays sortis de l'empire soviétique aient ardemment souhaité leur adhésion à l'UE en même temps qu'ils recouvraient leur indépendance renforce cette dynamique de l'européanisation. La CEE à douze de 1992 est devenue l'UE à 25 en 2004 (et à 28 en 2013).

Pour autant, l'européanisation est un phénomène subtil, équivoque voire réversible : la société norvégienne décide une deuxième fois, vingt-deux ans après 1972, de ne pas ratifier le traité d'adhésion signé par son gouvernement ; trois États membres de l'UE (Royaume-Uni, Danemark et Suède) refusent de faire de leur territoire national un morceau du territoire de l'euro. Le Royaume-Uni puis le Danemark ont même obtenu au début des années 1990 d'être exempté *ad vitam aeternam* de l'engagement à rejoindre l'euro que prend tout État membre en adhérant à l'UE, tandis que la Suède l'a obtenu à titre provisoire[4].

Reste que, dans les années 1990, la tendance est à l'européanisation des États-nations : la grande majorité des États membres se pressent de se conformer aux critères de Maastricht pour pouvoir substituer l'euro et la BCE à leur monnaie et leur banque centrale nationales. Onze États sur les quinze qui sont alors membres de l'UE ont constitué le territoire de l'euro dès 1999. En 2023, ils sont vingt États sur vingt-sept membres. Dans la zone euro, il convient d'inclure, à la suite des accords internationaux, Andorre, Saint Marin, Monaco et le Vatican ; ainsi que le Monténégro et le Kosovo, où l'euro est utilisé *de facto* comme monnaie ; et même, dans une certaine mesure, la Suisse et le Lichtenstein, car l'euro y est accepté comme moyen de paiement en espèces et en carte bancaire.

D'autre part, dans les années 1990, l'UE a signé un accord d'union douanière avec Andorre, Saint-Marin et la Turquie. Elle a aussi signé un accord bilatéral avec la Suisse, qui a été lui-même approfondi en 2004, par lequel celle-ci incorpore plusieurs des politiques publiques communautaires, dont l'espace Schengen, au même titre que les États membres de l'UE et les trois autres États de l'AELE – Norvège, Islande, Lichtenstein – qui forment avec l'UE l'Espace économique européen (EEE).

En résumé, de 1986 à 2004, l'Europe s'approfondit et s'élargit très significativement. L'UE est attractive et polarise un nombre croissant de pays. À bien des égards, pour une majorité de citoyens européens, la construction européenne fait partie de la solution.

Le retour de la crise (2005)

Les Français et les Hollandais rejettent par référendum le traité instituant une constitution pour l'Europe (TCE), plongeant l'UE dans une crise politique et démocratique inédite. On entre dans une époque où l'UE est perçue comme faisant partie du problème.

Le TCE procède d'une démarche politique originale. À peine adopté et signé en décembre 2000 et février 2001, le traité de Nice, censé réformer les mécanismes institutionnels de la vie politique européenne pour une UE à trente États membres, a été jugé insatisfaisant. Une expression est employée pour désigner le scepticisme ou la critique qu'inspire l'élaboration de ce nouveau traité et le fonctionnement de l'Union européenne : le déficit démocratique. Décidée au sommet de Laeken (2001), la Convention pour l'Europe a été un moment long et intense de résorption de ce déficit par une autre pratique démocratique de la construction européenne. De nombreux acteurs et chercheurs considèrent qu'avec le processus d'élaboration du nouveau traité par une Convention et non par la seule conférence intergouvernementale (CIG), on substitue une légitimité démocratique à la traditionnelle légitimité diplomatique. De fait, le projet de traité rédigé par cette convention et transmis aux États membres, le fameux traité instituant une Constitution pour l'Europe, l'a été dans la transparence, dans la sphère publique, et par une agora composée de parlementaires européens et nationaux, des gouvernements et de la Commission, associant les corps intermédiaires et les acteurs organisés de la société civile.

Bien que seize États sur vingt-cinq aient ratifié ce traité, en date de 2005, le choc a été immense et le processus de ratification suspendu[5]. L'adoption, quatre années plus tard, du traité de Lisbonne, quasi identique, par voie parlementaire (sauf en Irlande), conforte ceux pour qui l'Europe se construit contre la souveraineté populaire. Mais il est incontestable que le rejet par deux États membres ne délégitime pas la ratification des seize autres, dont deux par référendum (l'Espagne et le Luxembourg). On n'a pas encore trouvé l'agencement qui permettrait de mettre en œuvre une démocratie vécue comme telle à l'échelle de l'UE, car un nombre encore important de citoyens européens pensent et vivent l'expression démocratique seulement dans un cadre national et/ou se représentent la source de la souveraineté du peuple dans une communauté nationale avant tout – sans parler ici de ceux pour qui la démocratie ne peut s'exprimer que sous d'autres formes que la démocratie représentative.

La crise des Quinze ans (2005-2020)

La période de polycrise ouverte en 2005 et close en 2020 – par le retour de la Grèce sur les marchés financiers d'une part et l'accord de coopération et de commerce avec le Royaume-Uni d'autre part – tranche donc par l'échec durant ces quinze ans des tentatives de relance. En effet, par contraste, chacune des crises passées a été suivie d'un nouveau départ. Ainsi, chaque séquence de crise et de relance a témoigné d'une européanisation plus grande. Il convient également de constater que ces séquences de crises et de relances incluent toutes (sauf une, la première) une extension du territoire communautaire. La littérature scientifique a pu exprimer que les approfondissements de la construction européenne – entendus comme l'extension du domaine des compétences de l'Union européenne – s'articulent avec les élargissements de celle-ci.

Alors que l'UE se caractérise par sa célérité et sa cohésion aux côtés de l'Ukraine, il est intéressant de se rappeler que ce n'a pas été le cas dans la crise financière des années 2008-2018[6]. Cette crise s'est caractérisée par la lenteur de la prise de décision des Européens et la rugosité des négociations entre eux pour y parvenir. Si cette crise a été en Europe – et pas ailleurs – la crise économique et sociale la plus lourde depuis celle des années 1929-1945, c'est aussi en raison de ces divergences et de ces désaccords sur les solutions pour y remédier. Les Européens ont cependant dans cette ambiance tendue mis en place un certain nombre de dispositifs et de politiques publiques qui ont fini par résorber la crise. Ces résultats et ces nouveautés ont peut-être ouvert et préparé la voie aux politiques publiques de l'UE face au Brexit, au Covid, et à la guerre russe.

L'Europe est sortie de cette crise plus lentement que tout autre pays du G20 ou de l'OCDE ; en son sein, certains pays européens, dont la France et l'Italie, plus lentement encore. Aussi, cette crise comme les politiques anticrises mises en place dans l'UE ont alimenté dans une partie de la société européenne une crise de défiance : l'installation dans la durée de problèmes économiques et sociaux ont inquiété et mécontenté les Européens, comme le chômage, le déclassement, la précarité et les inégalités. Cette défiance a pu alimenter inquiétude ou ressentiment diffus d'ores et déjà nourris par l'extension, depuis le début des années 1990, de l'interdépendance et de l'exercice de la supranationalité. Le chômage a atteint des proportions inédites depuis la Grande Dépression de l'entre-deux-guerres. Les États, très endettés, ont eu de grandes difficultés à soutenir leurs sociétés. Dans la douleur et avec lenteur, l'UE y a répondu par de nouveaux traités institutionnels sur les finances publiques et l'euro.

Cette crise a été provoquée par la crise américaine des *subprimes* ouverte en 2007 et ponctuée par la faillite de la banque américaine Lehman Brothers le 15 octobre 2008 qui a affecté en profondeur le crédit interbancaire, et donc l'économie à l'échelle mondiale. Les États membres de l'UE se sont considérablement endettés pour sauver leurs banques. Cet endettement a mis certains États au bord de la faillite, entraînant l'UE et la BCE à les soutenir avec le concours du FMI. La contrepartie de ces sauvetages ont été de très rigoureux plans d'économie budgétaire et de réformes structurelles à la limite de la soutenabilité en Irlande, au Portugal et en Espagne, et insoutenable en Grèce.

L'Union européenne à 28 a eu un solde négatif de 3,5 millions et demi d'emplois de 2007 à 2013. L'emploi industriel, en particulier, a reculé de 6,4 millions (–16 %). Le taux d'emploi de l'UE est sensiblement plus faible qu'aux États-Unis et au Japon, alors que sa démographie est peu dynamique. Le taux officiel de chômeurs déclarés s'élève à 11 % de la population active (25,4 millions de chômeurs en avril 2014). Il est de 7 % en 2008. Les moins de 25 ans (« jeunes actifs ») sont particulièrement exclus du marché du travail. Certains territoires ont été plus sinistrés que d'autres, ce qui a créé de nouvelles hétérogénéités, de nouvelles divergences, voire des fractures.

Dans l'ensemble, le débat sur la résolution de la crise dans la zone euro a été un débat sur les politiques économiques pertinentes. Il a traversé tous les pays. Une solution à deux volets a été adoptée en 2012 par l'UE à l'écrasante majorité des États membres et du Parlement européen. Le premier volet est le mécanisme européen de stabilité (MES). C'est un fonds de garantie des dettes souveraines et de prêt aux États qui n'ont plus la confiance des marchés financiers. Il est abondé par les États membres de la zone euro, proportionnellement à leur PIB. Le deuxième est décliné dans le traité sur la stabilité, la coordination et la gouvernance dénommé « pacte budgétaire » : les États s'engagent au désendettement et à la discipline budgétaire sous peine de sanctions *possibles* et acceptées à l'avance. Ce traité confirme et creuse le sillon ordo-libéral tracé par les traités de Maastricht sur l'Union économique et monétaire (UEM, 1991) et du pacte de stabilité et de croissance institué par le traité d'Amsterdam (1997). Ceux qui, soit par inspiration keynésienne soit par inspiration souverainiste, critiquent cette orientation, considèrent parfois qu'elle est inspirée par une vision *allemande* de l'économie. Ainsi, le sociologue Ulrich Beck, connu pour son illustration et défense d'un cosmopolitisme européen, a-t-il publié en 2013 un essai *Non à l'Europe allemande*[7].

Ce débat a connu en 2015 une intensité particulière : le nouveau gouvernement grec dirigé par

Alexis Tsipras, issu de la majorité donnée au parti de gauche radicale Syriza aux élections du 25 janvier 2015, a cherché à infléchir la politique financière et économique mise en œuvre, collectivement, par l'Union européenne dans le cadre de l'eurozone. Cette bataille politique jette une lumière crue sur le malentendu grandissant, et à plusieurs échelles (États membres, territoires, corporations, individus), entre ceux qui se considèrent comme les perdants de la construction européenne et ceux qu'ils considèrent comme ses dominants, gagnants de la mondialisation, et peu solidaires. Symétriquement, ces derniers, qui se trouvent vertueux, raisonnables et solidaires, ont été gagnés par la tentation qu'il pourrait être nécessaire de trancher dans le vif et de se séparer de ceux qui ne partagent pas leurs représentations de l'économie. C'est pourquoi, au-delà des partis eurosceptiques, des économistes – le plus réputé étant le prix Nobel d'économie J. Stiglitz – se demandent si l'euro, qui lie ensemble des pays et des catégories sociales aux situations divergentes et aux intérêts apparemment contradictoires, est le problème ou la solution.

Pour autant, les États les plus mis en difficulté par la crise des dettes souveraines au sein de la zone euro – l'Irlande, le Portugal, la Grèce et, dans une moindre mesure, l'Espagne et l'Italie – sont parvenus, au prix de politiques d'austérité socialement coûteuses, à ne pas décrocher, à sortir de la crise aiguë de leurs finances publiques et à renouer avec la croissance économique. Avant le Covid, les pays de l'Est et des Balkans entrés dans l'UE dans les années 2000 et 2010 ont spectaculairement renoué avec la reprise économique, un taux d'emploi élevé, ainsi qu'avec leur dynamique de rattrapage et de convergence, en termes de niveau de vie, avec l'ancienne UE-15. Les institutions de l'UE ont ainsi été autant de ressources permettant d'apporter des solutions collectives aux problèmes posés aux Européens.

Cette crise s'est confirmée depuis par la montée de partis politiques non seulement souverainistes et europhobes, mais aussi illibéraux – c'est-à-dire très critiques vis-à-vis de la démocratie représentative et de l'état de droit et, plus généralement, du pluralisme dans ses divers registres[8].

Ces valeurs de la droite extrême ont de plus en plus coloré les positions et les programmes des partis classiques et des gouvernements nationaux. En Hongrie, le premier ministre Viktor Orban est parvenu à donner une doctrine à cette inflexion de l'idéologie et des politiques des partis conservateurs. Il théorise ainsi la « démocratie illibérale » dans laquelle, selon lui, l'universalité des droits de l'homme, les fondements de l'état de droit et les ressorts de la démocratie représentative sont relativisés, tandis que la construction européenne devrait être détournée au profit de la préservation de ce que Viktor Orban nomme la civilisation européenne – c'est-à-dire une représentation géopolitique selon laquelle le territoire européen est le produit de la chrétienté et doit protéger les Européens des influences et des intrusions de l'islam et des populations étrangères. Or, le gouvernement de Viktor Orban et son parti, le Fidesz, ont bénéficié au Parlement européen comme au Conseil de l'Union européenne, depuis son installation en 2010 et jusqu'en 2020, de la complaisance du Parti populaire européen dont le Fidesz a été membre jusqu'en 2019[9].

Dans le projet européen illibéral aussi, l'union fait la force. Mais c'est une union d'Européens qui se défient du *non-européen* au motif qu'il corromprait une identité et une démographie européennes fantasmatiquement menacées : les réfugiés, les migrants, les Roms, les musulmans, les Juifs, les personnes LGBTQIA+, l'individualisme, la liberté de conscience, l'esprit critique ne sont pas européens. La xénophobie actuelle en Europe se porte surtout sur ceux qu'elle considère comme des étrangers non européens et des étrangers à l'Europe. Elle prend, non le visage d'une hiérarchisation et d'un projet d'asservissement des peuples et des nations caractéristiques du nationalisme, mais celui d'une séparation rigoureuse d'avec l'Autre. La colonisation et la guerre de conquête ont cédé la place à l'entre-soi.

Or, l'entre-soi se définit par un territoire à plusieurs échelles dont l'une est clairement le *territoire* européen, c'est-à-dire ce territoire partiellement mutualisé entre Européens, par des politiques communes et la circulation organisée, facilitée, des biens, des services et des personnes. Mais cette mutualisation territoriale version Orban ne s'embarrasse pas d'une norme politique démocratique, libérale et humaniste commune à l'organisation de l'espace des sociétés ; ni d'une concurrence non faussée et régulée par le droit comme principe d'organisation du territoire ; elle promeut une vision ségrégée, oligarchique et oligopolistique, ploutocratique et népotique de la société.

Pour ces souverainistes du XXe siècle que sont Orban et ses émules – dont Fico en Slovaquie est la version de gauche et le trio Kaczynski-Duda-Morawiecki (et, brièvement, Szydlo) en Pologne la version ultra-conservatrice –, l'attachement exclusif au principe de souveraineté nationale se décline à géométrie variable. Il est convoqué lorsqu'il s'agit de protéger l'absence de pluralisme, de concurrence, de contre-pouvoirs, d'opposition et de débat. Il ne l'est pas lorsqu'il s'agit d'insérer le territoire national dans cet auto-empire européen sans centre dominateur ni périphéries assujetties qui permet d'être défendu face à un reste du monde dangereux et de développer l'économie. Pas plus qu'eux, les Le Pen en France, Wilders aux Pays-Bas, Petry puis Chrupalla et Weidel en Allemagne, Hoffer en Autriche ou Salvini en Italie ne prônent la fin de l'Union européenne[10]. Il s'agit de la détourner la construction européenne au profit de leur projet illibéral et xénophobe, l'UE devenant une arme dans une vision géopolitique non pas kantienne du monde mais huntingtonienne du choc des civilisations. La crise migratoire révèle la prégnance et l'utilisation par plusieurs partis qui gouvernent ou qui aspirent à le faire d'une représentation ethnique et essentialiste de la nation, et culturaliste de l'Union européenne – celle-ci devant être mise au service d'une solidarité des nations européennes et de leur capacité à rester ethniquement homogènes, face au multiculturalisme et aux mouvements migratoires.

Aucun des approfondissements très significatifs de la construction européenne décidés dans la crise de la zone euro (TSCG, MES[11]) n'a embrayé sur une relance de cette construction. Les divergences de vue et les insatisfactions au sein des Européens sont telles, qu'aucune de ces avancées politico-institutionnelles n'a fait l'effet d'une de ces fameuses relances (Messine 1955, La Haye 1969, Fontainebleau 1984) caractéristiques de l'histoire des crises de l'Europe.

Au contraire, c'est la crise qui s'est approfondie avec la contestation ou la remise en cause de certains aspects de l'européanisation : des partis qui prônent la fin de l'euro ont une audience croissante. Enfin, si le territoire de l'UE s'est étendu par incorporation d'un vingt-huitième territoire national, celui de la Croatie, en 2013, la crise est accentuée par un rétrécissement inédit du territoire de l'UE à la suite du vote par référendum d'une majorité de Britanniques pour la sortie du Royaume-Uni de l'UE (le Brexit, 2016). La dynamique d'attractivité et d'élargissement du territoire communautaire s'est également ralentie voire enrayée en raison de la décision du gouvernement islandais de retirer, en 2015, sa candidature six ans après l'avoir posée ; du gel *de facto* du processus d'adhésion de la Turquie dont la majorité parlementaire et une grande partie de la société n'adhèrent pas aux paradigmes de la mutualisation de la souveraineté territoriale et de la supranationalité ; par le fait enfin que l'accord d'association entre l'UE et l'Ukraine a déclenché une tension très forte avec la Russie – celle-ci pratiquant des incursions hostiles, illégales et cachées sur le territoire européen, sans parler de l'annexion de la Crimée et de la guerre qu'elle fomente dans l'Est de l'Ukraine – dont l'une des conséquences a été de compliquer et de ralentir considérablement l'incorporation du territoire ukrainien dans le système territorial européen *via* la politique de voisinage. Dans le même ordre de faits, le gouvernement et le Parlement suisses ont officiellement retiré la demande d'adhésion de leur pays à l'UE – celle-ci étant caduque depuis plus de vingt ans, la portée de ce retrait est symbolique.

À la fin de la décennie 2010, à la veille du Covid que rien ne laisse deviner, la dynamique de la construction européenne est donc partiellement contestée et remise en cause. En témoignent particulièrement, donc, le Brexit, mais aussi : le refus des gouvernements de Hongrie, Pologne, Slovaquie et République tchèque de respecter la décision prise à la majorité qualifiée sur la répartition des demandeurs d'asile en 2015 ; les dérogations temporaires mais reconduites à la libre circulation au sein de l'espace Schengen par le rétablissement de la matérialité des frontières et leur durcissement sous forme de clôtures aux frontières extérieures de l'UE ; la mise sous tutelle du territoire grec dans le cadre des trois plans d'aides conditionnelles octroyées par l'UE ; ainsi que les tentatives des gouvernements illibéraux post-démocratiques de Hongrie et de Pologne pour s'abstraire ou contourner les règles de l'état de droit et d'une concurrence non faussée qui régissent en commun l'ensemble du territoire européen et donc le territoire de chaque État membre. L'activation de deux procédures dites de l'article 7, l'une par le Parlement européen, l'autre par la commission européenne, pour les contrer et les faire reculer, sont mises en échec.

La conclusion que nous pouvons tirer de ce long épisode de crises est la suivante : il y a désormais deux projets de construction européenne. L'un est issu des Lumières[12], existe depuis les années 1950 et a été rendu possible par le discrédit jeté sur le nationalisme après 1945 en Europe. Il est la matrice de cette entité territoriale inédite qu'est l'UE, dans laquelle les pays et les peuples, se situant sur un plan d'égale dignité, mutualisent les problèmes à résoudre et les solutions. L'autre projet s'inscrit dans la tradition européenne des anti-Lumières[13] : ce projet européen est mis en œuvre en Hongrie depuis 2010 par Orban ; il l'a été en Pologne par le PiS de 2015 à 2023 ; en Italie en 2018-2019 et à nouveau depuis octobre 2022 ; en Autriche de 2018 à 2020, ainsi qu'en République tchèque, avec Babis, et en Slovaquie, avec Fico. Ce projet européen est celui de la démocratie illibérale. Elle se nourrit de l'idée selon laquelle la construction européenne des origines est devenue non pas la solution mais le problème à résoudre, en raison de sa supranationalité, de sa mutualisation des territoires et de sa valorisation du pluralisme et du compromis. La démocratie illibérale s'y oppose notamment en clôturant les territoires nationaux et en érodant le pluralisme et l'état de droit au motif que des menaces violentes et géopolitiques pèsent sur lui.

Le Brexit

En 2016, les Européens parviennent enfin à sortir de la crise des dettes souveraines. Ils ont mis en place des nouveaux outils pour diriger la zone euro. La BCE a réinventé son rôle et est devenue un acteur clé de la consolidation de la zone euro. Le 23 juin, le vote britannique favorable au Brexit résonne comme un coup de tonnerre – ou plutôt comme un coup de massue.

En 2019, à la veille du choc de la pandémie de Covid que rien n'annonce, l'énergie de nombreux dirigeants et cadres de l'Union européenne, ainsi que de nombreux dirigeants d'entreprises, est concentrée sur le Brexit, dernière crise en date de cette multicrise européenne. Fin 2019, personne ne sait encore comment se réalisera concrètement ce Brexit dont la mise en œuvre est sans cesse repoussée. Toutefois, trois ans après le référendum de victoire du *leave* sur le *remain*, un fait est devenu *crystal clear* : les 27 tiennent pour deux le cap du divorce à l'amiable, quand le Royaume-Uni dirigé par Boris Johnson se révèle un partenaire inconstant et désinvolte. Dans ces négociations, l'UE, représentée par Michel Barnier, marque les esprits par sa cohésion, son sérieux et sa détermination.

Le Brexit est d'abord considéré par la plupart des contemporains comme une crise supplémentaire et même comme l'aggravation de cette polycrise en cours depuis 2005 et le rejet du traité portant sur une Constitution pour l'Europe (TCE). La plupart des commentaires voient dans le vote en faveur du Brexit comme un aboutissement et un épanouissement de la crise provoquée autant que révélée par le double vote de rejet du TCE aux Pays-Bas et en France. Une crise politique caractérisée par la défiance tant de la démocratie parlementaire que de la construction européenne, critiquées l'une et l'autre comme érodant voire asphyxiant la souveraineté populaire. Dans cette optique, la victoire en 2016 du United Kingdom independance party (UKIP) de Nigel Farage, créé en 1993 avec le Brexit pour seul objectif programmatique, est le symbole de la réussite politique tant du populisme que de l'europhobie. L'autre hypothèse, celle qui s'est plutôt révélée exacte, est alors très peu partagée ;

à savoir que le Brexit signale davantage une crise du (ou une histoire particulière au) Royaume-Uni que le prélude à une déconstruction de l'UE, au choix par effet domino ou par effet de la désunion des 27 dans la mise en œuvre du Brexit et l'élaboration des relations futures avec le Royaume-Uni. Loin de désunir les 27, le Brexit a même renforcé la cohésion interne de l'UE. Plus précisément encore : le Brexit a paradoxalement révélé la robustesse de l'Union européenne.

Pourquoi parler de robustesse ? Premièrement, car le Brexit a rendu prégnants le professionnalisme et le caractère idoine du système politique européen. Comprenons-nous bien : ce n'est pas un jugement de valeur mais un constat. Le traité sur l'UE (article 50) prévoit qu'un pays peut sortir de l'UE s'il le souhaite. Les acteurs du système politique européen ont collégialement fait en sorte que cette sortie se déroule de façon ordonnée et rationnelle. La méthode communautaire a fait ses preuves : les États membres ont donné mandat à la Commission de négocier le Brexit avec le Royaume-Uni ; cet acteur unique est incarné et personnifié par Michel Barnier, devenu *de facto* commissaire *ad hoc* au Brexit. La Commission européenne est au travail, propose son diagnostic et ses scénarios d'action à la chambre des États qu'est le Conseil de l'Union européenne, après avoir systématiquement sondé les représentants des États. Puis ce collège d'États membres qu'est le Conseil européen choisit entre les options proposées, valide en les amendant les propositions d'action de Barnier, de son équipe dédiée de cinquante personnes et des directions générales de la Commission. Ainsi, côté UE, il n'y a que des solutions. Michel Barnier, à l'image du Commissaire européen au commerce avec le monde entier, négocie au nom des 27 avec le Royaume-Uni. Cette façon de faire, pour routinière qu'elle soit, a été d'une efficacité sans faille. Dans le même temps, l'ensemble des Européens assistent au spectacle d'une administration britannique peinant à établir des scénarios détaillés de rédaction du contrat de divorce et de leurs conséquences.

Les partis europhobes proches du UKIP en viennent progressivement, tous ou presque, à retirer de leur programme la sortie de l'UE ou de l'euro. On peut nommer ainsi cette évolution : les mouvements politiques europhobes sont devenus eurosceptiques et eurocritiques. Cette évolution est particulièrement nette quand ils arrivent au pouvoir.

La Ligue et le Mouvement 5 étoiles en Italie ont cessé d'envisager de sortir l'Italie de l'UE et de l'euro quand ils ont gouverné ensemble seize mois en 2018-2019. Le FPÖ autrichien aussi quand il a gouverné avec le parti démocrate-chrétien ÖVP du chancelier Kurz. Fratelli d'Italia de Georgia Meloni a cessé de l'envisager durant la campagne électorale qui l'a menée au pouvoir en novembre 2022. En novembre 2023, le PVV de Geert Wilders a remporté les élections législatives néerlandaises pour la première fois de son histoire ; son programme comprend, non plus un « nexit », mais un référendum sur le « nexit ». Alors que les sondages sur ce point donnent 85 % d'opinions favorables au « non » à la sortie de l'UE, on peut supposer que cette inflexion de Wilders a favorisé sa progression électorale et que, dans l'hypothèse où il parviendrait à coaliser une majorité parlementaire et à former un gouvernement, il ne s'empressera pas d'organiser ce référendum. Cette évolution de la doctrine européenne des partis politiques classiquement europhobes mérite d'être nommée *orbanisation*, tant elle se caractérise par une ressemblance avec la doctrine européenne inventée par Viktor Orban au moment de sa première réélection en 2014 en

Hongrie[14]. En France, cette alternative européenne, qui est très critique vis-à-vis de l'Union européenne et en même temps la juge nécessaire pour faire face à ce qui menace les nations européennes, a été popularisée par Marine Le Pen dans la formule : « changer l'Europe de l'intérieur ». Il s'agit surtout de ne pas se couper des électeurs qui sont attirés par l'illibéralisme et la critique de l'état de droit mais qui sont attachés à la monnaie unique et aux sécurités économiques que procure le marché unique.

Le Brexit est un rétrécissement. Du point de vue du collectif, il est une amputation, un amenuisement et donc un échec. Mais il est tout autant un divorce réussi. Face au Brexit, les Européens ont utilisé sans drame les outils dont ils sont dotés pour traiter ce cas de figure, ni plus ni moins. Ni les gouvernants ni les citoyens européens n'ont anticipé le Brexit ; le cas d'un retrait n'en est pas moins prévu par le traité de Lisbonne qui agence l'UE depuis 2009. On mesure à l'aune du Covid et de la présente guerre combien le Brexit est une crise britannique avant d'être une crise européenne. Confrontée au premier rétrécissement de son histoire, l'Europe est restée elle-même. Et cela a suffi. Les Européens sont restés fidèles au droit, fidèles au traité, fidèles à la démocratie, fidèles au gagnant-gagnant, fidèles à la coopération. Ils ont joué le jeu du retrait libre et volontaire, qui n'est que la modalité en creux de l'adhésion libre et volontaire qui préside à la dynamique d'élargissement de l'Europe depuis un demi-siècle. Ils n'ont pris aucune mesure de rétorsion : ils ont fait montre de loyauté à l'égard des Britanniques. Ils ont en quelque sorte été fiables et visionnaires pour deux. Ils ont cherché et réussi à inventer un traité de coopération entre l'UE et le Royaume-Uni, en dépit de la mauvaise foi et de la mauvaise volonté d'une partie des Tories au pouvoir outre-Manche. Le Brexit a démontré par l'absurde que l'Union européenne n'est ni une prison des peuples ni une fédération anti-démocratique ; et, au passage, que l'appartenance à l'UE a des vertus et des atouts. De façon paradoxale, elle garantit à ses membres d'être autant voire plus souverains que s'ils n'étaient pas dans l'UE[15].

Précisément, du traité de Lisbonne au Traité sur la coordination, la gouvernance et la stabilité de la zone euro ; de ce TSCG au traité d'Accord de coopération et de commerce finalement conclu en 2020 avec le Royaume-Uni, la succession de solutions n'a pas changé la tonalité du récit ouvert en 2005. L'Union européenne s'en sort, résiste, est résiliente – mais au nom du plus petit dénominateur commun et de l'inertie, du service minimum de l'unité. Pas de quoi faire baisser le volume sonore de la mélodie comme quoi l'UE est davantage le problème que la solution. Pas de quoi provoquer un sentiment de fierté. Ni d'opérer ou de déclencher une de ces relances qui sont les collectors de l'histoire de la construction européenne[16].

L'Europe face au Covid

A contrario, la réponse au Covid a relancé la construction européenne. Autre façon de le dire : l'Union européenne s'est relancée dans l'invention du « plan pour la relance des économies des États membres[1] ». On peut toujours l'expliquer *a posteriori*, et même en rendre à compte à chaud, le phénomène n'en garde pas moins une part de mystère. Cette relance s'est ensuite intensifiée dans la réponse à l'agression de l'Ukraine par la Russie. Ces deux réponses ont capitalisé sur toutes les dissensions et tous les dispositifs inventés dans la douleur et le dissensus entre 2005 et 2020. Elles ont capitalisé sur la cohésion et la complicité forgées dans la dignité raisonnable provoquée par le mépris et l'improvisation des gouvernements britanniques à leur endroit durant ces interminables négociations. Ces négociations ont été pour les Européens l'occasion de réaliser ce qu'ils sont et qui ils sont. Dans le Covid, ils se découvrent à la fois très vulnérables mais aussi plus robustes, vifs et inventifs qu'ils ne l'ont ressenti durant les événements précédents.

Le Covid a spectaculairement renforcé ce « un pour tous, tous pour un » européen de choc. À la différence du Brexit, la crise pandémique de 2020 a été provoquée par un cas de figure que ne prévoient pas les traités sur l'UE et à laquelle les instances européennes se sont d'autant moins préparées ensemble que les anticipations d'une crise sanitaire liée au SRAS en 2003 ne se sont pas concrétisées. Dans l'immédiat est alors arrivé ce qui devait arriver dans ce type de situation pour faire face à la surprise, à l'impréparation et au désarroi, les gouvernements des pays européens ont mobilisé chacun de leur côté, dans un réflexe traditionnel, le répertoire et les leviers de la souveraineté régalienne nationale. Neuf d'entre eux, dans le cadre juridique prévu par les traités européens, ont fermé leurs frontières à la libre-circulation intra-européenne des personnes. Rien ne prouve, alors, que l'État-nation est l'échelle pertinente de fermeture d'un territoire dans le cadre d'une crise sanitaire dont on voit bien qu'elle touche de façon différenciée des villes et des régions au sein d'un même pays. Mais, élus dans le cadre de la nation, c'est en conditionnant l'entrée sur le territoire national que les gouvernements ont pu donner le sentiment qu'ils ont prise sur la situation.

Fin février et début mars 2020, le débat public s'est ému des manifestations de souverainisme étatique national ordinaire et séculaire, de type réquisition de cargaisons de masques en voie d'acheminement ou en transit, par certaines autorités nationales. Bien que peu nombreuses, elles ont légitimement choqué les opinions publiques : elles ont pour cette raison été bien plus brèves (deux à trois semaines, février 2020) que les actions de solidarité bilatérales (envoi de masques, accueil transfrontalier de patients dans les hôpitaux).

Très vite, sous la pression de leurs opinions publiques, les dirigeants européens se sont rappelés qu'ils avaient entre leurs mains des instruments de souveraineté mutualisée : la supranationalité comme principe et méthode, et toutes les politiques publiques et institutions européennes comme leviers. Cette manière de voir est dans le fond assez lucide et plutôt rationnelle : les frontières interétatiques n'ont pas grand sens face à une pandémie, qui plus est dans une association de pays qui ont fait de la libre circulation et de l'interdépendance ses clés de voûte.

La réponse au Covid démontre ce qu'est l'Union européenne. D'un côté, elle est, comme l'écrit Pierre Hassner : « une "fédération d'États-nations" [dans laquelle], qu'on le déplore ou non, l'autorité et la légitimité des dits États-nations ne risquent guère d'être réduites à celles de provinces privées de souveraineté[2] ». D'un autre côté, l'UE est un État d'un autre type que l'État stato-national qui est la norme standard. Dans cette étaticité d'un nouveau type, des éléments de souveraineté régalienne sont complètement mutualisés : la monnaie et la banque centrale. C'est donc assez logiquement que la capacité de l'UE à inventer des solutions imprévues et disruptives s'est révélée dans ce domaine de souveraineté régalienne qu'est la monnaie. À partir de 2012, son gouverneur, Mario Draghi, décide audacieusement de s'affranchir de la lettre des traités sur l'UE codifiant les compétences de la Banque centrale européenne (BCE). « Dans le cadre de son mandat, dit-il à Londres à peine nommé, la BCE est prête à faire tout ce qui est nécessaire pour sauver l'euro. Et croyez-moi ce sera suffisant. » La BCE a alors déployé – jusqu'en 2022 – des programmes de rachats d'actifs, notamment des bons du Trésor des États membres sur le marché secondaire. « En acquérant massivement des obligations publiques, la BCE avait fait grimper leurs cours et chuter leurs taux, à des niveaux proches de zéro pour les économies les mieux notées de la zone[3]. »

Durant le Covid-19, la BCE, dirigée depuis 2019 par Christine Lagarde, a joué un rôle déterminant en garantissant des endettements publics nationaux massifs, tandis que Parlement, Commission et Conseil de l'Union européenne ont utilisé budgets et programmes européens pour engager des dépenses considérables contre la pandémie et ses conséquences. C'est alors que les Européens ont émis des bons du Trésor européen : un pas immense qu'ils n'avaient pas franchi depuis la création de Union économique et monétaire du traité de Maastricht de 1993. Au passage, ils ont fait de la politique. Les politiques et les financements anti-Covid sont à la fois défensifs (« quoi qu'il en coûte » pour protéger l'économie et les sociétés des effets induits par la lutte contre la pandémie) et offensifs (décisifs). La destination de cet argent levé sur les marchés financiers est décidée collégialement afin de faire converger les économies dans la transition énergétique et la numérisation. Il est remboursé solidairement y compris par la levée d'impôts supranationaux. Chaque gouvernement peut l'utiliser à la condition de s'accorder sur ce que les Européens sont. Ainsi, l'accès à ces fonds supranationaux nouveaux est conditionné au respect de l'état de droit, et le soin d'en juger est confié à la Commission et à la Cour de justice de l'Union européenne. Cette robustesse est l'effet de la capacité et de la préférence collective des Européens à construire ce qu'il faut bien finir par nommer un État européen.

En 2020, il est vite apparu que les Européens ont considérablement appris de la précédente crise des années 2010-2018, la crise des dettes souveraines et de la zone euro. Dans les domaines qui sont mutualisés au sein de l'UE, de nombreuses décisions déterminantes ont été prises très rapidement – en moins d'un mois (mars-avril 2020) par, selon les cas, la Commission européenne, le Conseil européen, le Conseil de l'Union européenne, le Conseil de l'Eurogroupe ou la Banque centrale européenne qui, tout en prenant ses décisions en toute indépendance et hélas sans rendre de comptes, est en interaction permanente avec les quatre premiers. Les deux présidents de l'UE, Ursula von der Leyen et Charles Michel ne se sont pas dérobés : ils ont impulsé et coordonné autant que possible des premiers ministres et des gouvernements eux-mêmes consentants et motivés. Dans le brouillard et dans l'épreuve, une forme de collégialité au carré a pris forme au sommet de l'Europe. Les services des différentes institutions européennes ont été très mobilisés.

Les Européens ont ainsi enclenché l'ensemble des politiques et des instruments de soutien à la dépense publique élaborés et adoptés dans la douleur et la dispute entre 2010 et 2014 dans la tourmente de la crise financière : rachats sur le marché secondaire des bons du Trésor émis par les pays européens, TSCG, MES, union bancaire. Ils ont de plus suspendu à l'unanimité les critères de Maastricht (qui font converger les budgets des États ayant fait le choix de la monnaie européenne) et assoupli la législation sur les aides d'État (créée par le traité de Rome pour casser les monopoles et les rentes). La Banque européenne d'investissement (BEI) s'est mobilisée massivement pour soutenir les banques qui soutiennent les PME. En un mot, l'UE, avec l'euro qui est la deuxième devise mondiale, garantit un montant d'endettement public sans précédent, colossal, et à hauteur du sinistre économique et social. L'État-providence est devenue une réalité mutualisée par les Européens dans le cadre de l'Union européenne.

Alors que la santé publique n'est pas une politique européanisée, la Commission et les États ont créé une réserve stratégique de matériel médical. La tragédie de la pénurie de masques et de respirateurs, dans plusieurs pays européens en raison de leurs choix nationaux de politiques publiques, a duré trois semaines et ne s'est pas produite une seconde fois. Quant à la fabrication des tests et à la recherche sur le vaccin, l'UE y a contribué très significativement dès avril 2020 avec son budget ordinaire.

Tout en prenant très vite leurs décisions stratégiques de soutien en commun, les Européens ont commencé de débattre de l'émission de bons du Trésor européen pour s'endetter ensemble au nom de l'UE pour consolider celles-ci.

Le 23 avril, le Conseil européen charge la Commission européenne de dessiner un plan de relance européen de l'économie. À la fin de ce sommet, la présidente de la Commission européenne Ursula von der Leyen appelle les États membres à accepter que le budget de l'Union européenne monte à 2 % du PIB européen au lieu du 1,2 % réglementaire. Début avril, elle a écrit dans le grand quotidien *La Repubblica* une lettre aux Italiens dont le pays tout entier et la très industrialisée Lombardie en particulier est depuis février l'épicentre de l'épidémie en Europe : « Aujourd'hui, l'Europe se mobilise aux côtés de l'Italie. Mais cela n'a pas toujours été le cas. Je vous présente mes excuses : nous sommes avec vous[4]. »

Comme durant la crise des dettes souveraines quelques années plus tôt, les pays les moins endettés affichent leur préférence pour un fonds de type Mécanisme européen de stabilité garantissant aux États européens dans le besoin des prêts à taux très bas. Cinq pays en particulier ont tenu cette ligne : les Pays-Bas, l'Autriche, le Danemark, la Suède, la Finlande. Ils se présentent comme les « pays frugaux ». Mais cette fois, au nom de la solidarité face à la tragédie aveugle, un nombre significatif de pays sont partants pour envisager un emprunt collectif, européen, sur les marchés pour financer ce soutien

– matérialisé qui plus est non seulement par des prêts à taux bonifiés, mais aussi et surtout par des « subventions », c'est-à-dire par des dons.

Le soutien de l'Allemagne à cette démarche a tout fait basculer. Le 18 mai 2020, Angela Merkel et Emmanuel Macron rendent publique leur proposition pour le plan de relance de l'économie européenne. Cette proposition comprend un fonds de 500 milliards d'euros qui, venant en sus des financements déjà adoptés en mars-avril, seraient versés sous forme de dons aux pays les plus meurtris par la pandémie. Dix jours plus tard, Ursula von der Leyen présente le projet détaillé de plan de relance de l'économie dont le Conseil européen lui a passé commande en avril. Celui-ci, fort du soutien du couple franco-allemand sorti d'un long sommeil, enfonce le clou du don massif de 500 milliards d'euros. Ce dispositif, adopté par les 27, est révolutionnaire. La Commission y ajoute un instrument de 250 milliards de prêts à disposition. Ce budget extraordinaire de 750 milliards s'ajoute au budget ordinaire de l'Union européenne[5]. On s'endette tous en commun au bénéfice de certains. La Commission prévoit de rembourser cet emprunt de 2028 à 2058 par des ressources propres nouvelles qui ne pèseraient pas sur les États membres et leurs habitants.

D'autant que, si l'on parle à juste titre de ce plan européen de 750 milliards d'euros, il convient de l'analyser avec les plans de relance nationaux adoptés face au Covid-19 : leur total colossal égale 2 300 milliards. Ils ne sont possibles qu'en raison de la garantie apportée par la Banque centrale européenne *via* sa politique de *quantitative easing* et de sa crédibilité mondiale. C'est en particulier vrai pour la France, l'Espagne et l'Italie. S'il n'y avait pas de BCE, il n'y aurait pas de plans nationaux ni de plans européens. En résumé, Banque centrale, plus dette, plus bons du Trésor, plus ressources fiscales, plus redistribution : ce sont les attributs d'un État.

Le plan de relance a été adopté par le Conseil européen le 21 juillet 2020. La négociation a été ardue : le Conseil dure quatre jours et quatre nuits. C'est le plus long de l'histoire de la construction européenne, à égalité avec celui de Nice de décembre 2000. Pour faire avaler aux pays frugaux cette enveloppe de 750 milliards d'euros, ce plafond des 2 %, le recours à l'emprunt et la répartition de subventions, il a fallu leur faire une concession :

faire bouger, au sein de cette somme, la répartition entre dons et prêts. Le plan adopté prévoit que, au sein de cette somme de 750 milliards empruntés, décaissés et remboursés à long terme par l'UE, 390 milliards seront répartis sous forme de prêts (remboursés par chaque État) et que 360 milliards le seront sous forme de dons (remboursés solidairement en commun par des ressources fiscales européennes propres que les décideurs politiques européens sont en train d'élaborer). Un nom est donné à ce plan par la Commission : *Next Generation EU* (NGEU).

Cette révolution historique qu'est l'émission d'une dette européenne correspond à une demande des habitants de l'UE dont les signaux faibles existent depuis plusieurs années. Quand bien même le pouvoir européen et ses dirigeants font l'objet de défiance, les enquêtes Eurobaromètres indiquent que les Européens souhaitent une solution européenne aux défis économiques et géopolitiques. Et si l'euro est un objet de débat permanent et légitime, les Européens sont spécifiquement attachés à leur monnaie : en vingt ans, l'euro a acquis la confiance des épargnants comme des investisseurs petits et grands et s'est imposé comme deuxième monnaie de réserve mondiale.

L'émission de bons du Trésor européen pour financer *Next generation EU* introduit une différence de nature et non pas de degré au sein de l'histoire de la construction européenne. L'idée d'une dette publique européenne est en débat depuis le début de la crise économique de 2008, mais c'est en 2020 qu'elle s'impose comme une préférence collective. Dans cette « fédération d'États-nations[6] » qu'est l'Union européenne, une majorité d'États ne voient pas l'intérêt de bons du Trésor européen, ni leur utilité. Ils s'en méfient. Mais la massivité de la crise sanitaire a relativisé un peu plus encore l'efficacité de l'échelle unique de l'État national. Cela a poussé les sociétés européennes et leurs dirigeants dont ils sont les émanations, à se saisir des capacités de cette sorte d'État fédéral, assez baroque dans sa construction, qu'elles ont sous la main depuis 70 ans. 750 milliards d'euros sont certes une somme « modeste » comparée aux sommes engagées par les États membres, au rachat des dettes de ces mêmes États sur le marché secondaire par la BCE, ou, par exemple, au montant dégagé par le budget fédéral aux États-Unis. Mais le signal et l'effet de levier sont considérables. L'UE est un « État » vierge de toute dette publique. Il émet une monnaie, l'euro, qui est devenue la deuxième réserve de change internationale dans le monde ; des bons du Trésor européen sont donc considérés par les investisseurs et les créanciers de tous types d'une fiabilité maximale.

Les marchés financiers sont cependant un peu moins portés en 2023 sur ces obligations européennes que sur celles, classiques, des États membres de l'UE. On peut y voir l'écho du débat politique interne sur le caractère d'exception ou de précédent de cette émission d'une dette européenne. C'est aussi, alors que les taux d'intérêt sont sensiblement plus élevés qu'en 2020 et 2021, années de conception de NGEU, le reflet du temps pris par le système politique européen à créer le dispositif pérenne des recettes fiscales avec lesquelles l'UE remboursera son emprunt[7].

Il reste que, dans cette épreuve inédite, au printemps 2020, les Européens ont fait preuve d'une réactivité, d'une inventivité et d'une solidarité qu'ils n'avaient pas manifestées lors de la crise des dettes souveraines de la zone euro. Cette solidarité s'est prolongée dans la politique vaccinale de l'hiver 2020-21. Dès le début de l'été 2021, 49 % des habitants de l'UE ont reçu au moins une première dose de vaccin.

Au-delà des retards causés par une très grande prudence des autorités européennes et nationales, cette politique vaccinale est un succès sanitaire. La mutualisation des pré-achats a permis de financer la recherche et la découverte des vaccins et de garantir un égal accès de tous les États membres de l'UE à ceux-ci. En utilisant les capacités juridiques du marché unique (politiques de la concurrence et du marché intérieur) qui poussent très loin depuis le traité de Rome la mutualisation des politiques publiques, le tandem Conseil européen-Commission européenne a agi comme le gouvernement d'un État européen, mobilisant dans l'urgence des capacité industrielles pour que soient produites et achetées les doses de vaccin en nombre suffisant pour toute la population de l'UE. La vaccination de la population a permis d'enrayer la pandémie deux ans après l'arrivée du Covid-19 en Europe. Le bilan des décès s'élève alors à plus d'1,2 million de personnes. L'effet de la vaccination est souligné par le fait que la mortalité rapportée au nombre d'habitants a été en définitive sensiblement plus élevée dans les pays de l'UE où la proportion de personnes vaccinées a été relativement moins élevée – Bulgarie, Pologne, Slovaquie, Roumanie, République tchèque, Slovénie[8].

Ce plan de relance européen – comme l'ensemble de la panoplie des réponses à la crise pandémique – signale l'avènement, sinon d'un État européen au sens habituel du terme, à tout le moins d'une étaticité européenne. Cette relance et cette panoplie de politiques publiques signalent l'insertion volontaire des États-nations européens dans une entité qui mutualise un nombre croissant de politiques publiques pour tous les habitants d'un territoire construit en commun.

Avec le plan de relance, la présidente de la Commission européenne, Ursula von der Leyen, a répondu aux attentes des citoyens européens d'une réponse sociale à la crise pandémique. Ce faisant, elle a souligné la légitimité d'un retour à l'Europe. Le plan de la Commission s'inscrit dans l'esprit du programme soumis au vote d'approbation du Parlement européen par Ursula von der Leyen pour être investie comme présidente de la Commission par ce dernier en 2019[9]. Elle avait dû convaincre et rassembler au maximum afin que son projet soit adopté par le Parlement et que seuls les groupes parlementaires eurosceptiques s'y opposent. Elle a donc cherché, avec un succès certes limité, à bâtir une coalition la plus large possible au Parlement. Il en est résulté des orientations qui comprennent déjà une révision des critères de Maastricht, l'idée d'une politique industrielle européenne, la lutte contre le changement climatique et les pollutions, et pour la transition énergétique (projet de Pacte vert), le renforcement de l'état de droit, l'idée d'une politique mondiale de l'UE fondée sur la définition d'un intérêt européen souverain.

Gravement défiés par le Covid, tous les membres de la zone euro sont d'accord sur leur envie de trouver une solution multilatérale et partagée. Il y a eu débat et confrontation sur le dispositif à inventer et mettre en œuvre. Jusques et y compris ce fameux Conseil européen des 17-21 juin 2020. Puis encore durant le semestre qui a suivi et s'est clos lors du Conseil européen des 11 et 12 décembre 2020 sur l'accord concernant les modalités de mise en œuvre du plan de relance, la conditionnalité de son accès au respect de l'état de droit, dont la mise en œuvre est depuis un succès, et le budget ordinaire pluriannuel pour la période 2021-2027.

Conclusion

Comparons la crise des Quinze ans et la crise du Covid-19. La première prend en défaut le stéréotype mythique tiré de l'observation de l'histoire de la construction européenne et de son interprétation par Jean Monnet : l'Europe se construit dans les crises ; elle est une succession de crises et de relances. La seconde conforte ce stéréotype historique tout en prenant en défaut un lieu commun qui est le présupposé de la plupart des commentaires sur l'Europe : les Européens sont lents et divisés, la construction européenne est au bord de la panne – cela se passe mal, et cela va s'aggraver.

Le plan de relance de l'économie européenne adopté en 2020 cristallise une panoplie de politiques publiques déployées en réponse à la crise sanitaire, économique et sociale du coronavirus : soutien colossal de la BCE et de toutes les institutions financières de l'UE ; fléchage du budget ordinaire vers le soutien au chômage partiel, aux PME, aux territoires, à la recherche biomédicale ; suspension des critères de Maastricht au sein de l'Union économique monétaire ; invention d'un budget extraordinaire de 750 milliards d'euros abondé par des bons du Trésor européen inédits pour financer sans conditions le relèvement des économies nationales ; invention d'une politique européenne de santé.

Le plan de relance économique et la lutte contre la pandémie marquent un approfondissement de l'intégration européenne et de la mutualisation des territoires nationaux et des politiques publiques. Il s'agit donc d'une de ces relances qui, peu nombreuses et peu prévisibles, jalonnent la construction européenne. Dans la foulée de cette relance, de façon contingente semble-t-il (il n'y a pas de lien de cause à effet entre le Covid et l'invasion de l'Ukraine par la Russie), les Européens ont été confrontés à un deuxième choc externe, tout aussi inattendu, et pour lequel ils n'avaient pas de plan préconçu, ni de boîte à outils préparée à cet effet. Dans les deux cas, les Européens ont dû improviser. Cela avait déjà été le cas dix ans auparavant avec la crise des dettes souveraines : de 2008 (faillite de Lehman Brothers) à 2010 (découverte de la réalité de la quasi-faillite de l'État grec qui avait maquillé ses comptes depuis près d'une décennie), l'Union européenne s'est trouvée plongée dans une situation non seulement inédite mais impensée. Les Européens ont dû, en 2008 d'abord, puis en 2010, et donc avant 2020 et puis 2022, improviser et mettre en place une politique de l'événement – selon l'expression proposée par Luuk van Middelaar[10] – dans la mesure où l'édifice juridique et réglementaire du traité sur l'UE n'offre pas les outils et les instruments de politiques publiques aptes à apporter des solutions à ces problèmes inédits. Il y a toutefois une grande différence entre 2010 d'une part, et 2020 et 2022 d'autre part. 2010 est provoqué par des défaillances, des dysfonctionnements de l'organisation européenne : on bute, d'une part, sur les contraintes de l'Union économique et monétaire (les fameux critères), eux-mêmes inventés pour accompagner la structure très spécifique de la zone euro – une monnaie unique avec une banque centrale mais vingt-sept politiques budgétaires et fiscales différentes dont huit par des États membres qui ont gardé une monnaie nationale particulière. D'autre part sur l'existence d'un passager clandestin, la Grèce, toléré de façon plus ou moins tacite, plus ou moins avouée, plus ou moins consciente, plus ou moins instrumentalisée. En 2008, les Européens parviennent tant bien que mal à mettre en place, avec les pays du G20, des pare-feux à la crise bancaire. Face à cette crise qui se propage depuis les États-Unis, ils ne peuvent éviter que certains États membres, comme l'Irlande, prennent toute l'UE en otage en renflouant les banques de son pays de façon unilatérale. Pour autant, l'ensemble de l'Union et de la zone euro parvient néanmoins à s'accorder sur une politique commune et coordonnée pour résoudre la crise bancaire qui touche tous ses membres comme le monde entier qui s'accorde lui-même sur des grandes actions convergentes dans le cadre du G20. Avec la Grèce, il ne s'agit pas seulement de laisser filer les finances publiques pour renflouer les banques ; il s'agit de renflouer les finances et le budget d'un État qui est au bord de la faillite car la révélation qu'il a maquillé ses comptes depuis dix ans – et qu'il est donc d'ores et déjà considérablement plus endetté qu'il ne l'affiche – le met dans l'incapacité d'emprunter sur les marchés pour sauver ses banques et les empêcher de faire faillite. Or, la Grèce est membre de la zone euro : ces faillites risquent d'entraîner tous les États membres de la zone euro dans une crise financière et budgétaire inédite – c'est du moins la crainte des décideurs de l'UE. On a donc appelé cette crise « crise des dettes souveraines » ou crise de la zone euro. Dans la douleur et dans la dispute, les dirigeants européens sont entrés dans une sorte de psychodrame politique permanent jusqu'au troisième plan d'aide à la Grèce. Ils y ont trouvé des solutions, cette fois encore inventives, mais elles furent longues à élaborer.

Ainsi, il convient d'établir une distinction entre cette crise des dettes souveraines de la zone euro et celles du Covid et de l'agression russe. La première est une crise (interne) tandis que les deux autres sont des chocs (externes). D'autre part, dans la crise des dettes souveraines, les Européens ont été lents, hésitants et partagés, alors que face au Covid puis face à l'agression russe, ils ont été rapides, résolus et créatifs.

Europe-Russie : la confrontation vitale des contraires

Comme celle au Covid-19, la réponse de l'Europe au choc qu'est l'attaque de l'Ukraine par la Russie se caractérise par sa célérité, sa cohésion et sa cohérence. Elle est même particulièrement rapide puisque décidée et effective quatre jours après l'invasion : sanctions, envoi d'armes, accueil des réfugiés, fin des importations en charbon puis en pétrole russe, baisse concertée et rapide des approvisionnements en gaz russe. « En 2023, ce sont plus de 3,5 millions de réfugiés de guerre ukrainiens qui sont accueillis dans l'UE, et plus de 76 milliards d'euros accordés en aide économique ou militaire et en assistance aux personnes[1]. »

Les Européens se sont débarrassés de la guerre depuis trois générations

Dire à propos de cette guerre d'invasion de l'Ukraine par la Russie que la guerre est de retour en Europe vient paradoxalement énoncer – comme une antiphrase – ce qui caractérise les Européens depuis 80 ans, à savoir qu'ils sont en paix entre eux et ne se font plus la guerre. C'est d'autant plus intéressant que le processus d'élargissement à un nombre conséquent de pays qui rejoignent l'Union européenne est croissant et continu : vingt-deux en quarante ans (1973-2013) pour un retrait (en 2020). L'expérience historique est désormais telle qu'un pays qui manifeste le projet d'adhérer à l'Union européenne ne peut pas ne pas être conscient qu'il candidate à une association politique dont l'une des caractéristiques majeures est que la guerre comme mode de relations en son sein comme entre ses membres y est tombée en désuétude (à de rares exceptions près, comme durant trente ans en Irlande du Nord, il y a plus de vingt ans maintenant). Dans ce cadre, il s'engage à ne pas entrer en conflit avec d'autres membres de l'UE et à se porter aux côtés de tout membre de l'association qui serait attaqué, agressé, envahi – sous-entendu par un pays ou un acteur extérieur à cette association[2]. On sait bien que cette disposition de l'appartenance à l'organisation – qui engage tous ses membres sans ignorer les pays neutres – est un signal faible comparé au signal fort qu'est l'appartenance à l'Otan. Précisément, l'appartenance de la quasi-totalité des États membres de l'UE à l'Otan peut donc être interprétée comme la préférence collective *de facto* des Européens de faire de l'Otan l'instrument de cette solidarité engageante européenne. Dans l'état actuel des choses, c'est dans le cadre opérationnel de l'Otan que tout État membre de l'UE qui serait agressé bénéficierait du soutien militaire de la plupart des autres États membres ; bénéficiant du soutien des membres de l'Otan, il pourrait compter sur celui des États-Unis, première puissance militaire mondiale. Ce choix rassurant n'est pas sans contrainte : il fait des Européens des partenaires, parfois des obligés, des Américains. Mais le fait est que, en même temps qu'ils ont choisi d'éradiquer la guerre entre eux avec la construction européenne, les Européens ont fait depuis 1949 le choix de l'Otan pour défendre ensemble leur territoire. Ce choix s'explique aussi par le fait qu'il permet aux Européens de faire supporter aux Américains une proportion importante de l'effort de défense du territoire européen.

L'Ukraine envahie par la Russie n'est pas membre de l'UE et n'est pas non plus membre de l'Otan. En 2008, plusieurs pays de l'UE membres de cette organisation internationale se sont opposés avec succès à l'adhésion de l'Ukraine que soutiennent d'autres pays membres de l'Otan dont les États-Unis. L'argument des opposants d'alors est que cette adhésion aurait provoqué la Russie[3]. Aujourd'hui – et certains faisaient déjà cette remarque en 2014 – on peut légitimement estimer que la Russie n'aurait pas pris le risque d'envahir un pays membre de l'Otan et l'on peut démontrer que « c'est l'agression russe qui explique la candidature de l'Ukraine à l'Otan, et non l'inverse[4] ». C'est bien ce calcul qui amène la plupart des pays de l'UE à devenir membre, et explique *in fine* que l'Union européenne a fait le choix de l'Otan pour assurer opérationnellement cette défense collective dont tout membre est bénéficiaire *de jure*. Toujours est-il que depuis que la construction européenne et l'alliance atlantique existent – elles sont contemporaines – les Européens ne se font pas la guerre entre eux et n'ont été ni agressés ni envahis : ils n'ont plus fait la guerre sur leur territoire depuis trois générations[5].

Une question découle de cet état de fait : convient-il de dire que la guerre est de retour en Europe ? Car cette guerre d'Ukraine, si elle touche les Européens, les concerne et les affecte, n'est pas faite par eux. Ils ne la livrent pas. Pas de combats, pas de destructions, pas d'envoi de soldats de l'armée de métier sur le champ de bataille. La France et parfois l'UE mènent des opérations militaires en Afrique. Les Européens – pas plus les Français que d'autres – ne mènent aucune opération ni aucun engagement militaire en Ukraine. On n'ignore pas que les études sur la guerre (les *war studies*) démontrent que la guerre prend des formes de plus en plus variées, et qu'il devient erroné de la réduire à l'entrée en guerre d'un pays. Que, d'autre part, toute guerre étend son halo au-delà du territoire où ont lieu les affrontements et les combats. Les conséquences de la guerre d'Ukraine sur le niveau de vie des Européens sont documentées. On cherche aussi à mesurer les conséquences et les effets sur la vie des Européens et sur l'économie européenne de leur soutien à l'Ukraine. Pour autant, ces réalités dessinent-elles un « retour de la guerre en Europe » ? Cette expression fait implicitement référence aux guerres de 1914-1918 et de 1939-1945, et à une représentation mentale selon laquelle on est en guerre quand on la livre avec ses soldats (sa population) et que sa société est polarisée sur l'effort de guerre. Or ce n'est pas le cas. L'inflation, des prix de l'énergie et de l'alimentation notamment, a repris en conséquence du Covid puis de cette guerre. Le niveau de vie de plusieurs millions d'Européens est sous tension. Fin 2023, cette inflation semble contenue, tandis que l'économie européenne n'est pas bouleversée par ces deux années de guerre d'Ukraine.

Cette guerre révèle bien davantage les Européens à eux-mêmes. Le fait que les dirigeants russes trouvent légitime et approprié de fomenter par la force des sécessions territoriales à l'extérieur de leur frontière, d'annexer des territoires, d'envahir un pays sont autant d'indices que la Russie ne fait pas partie de l'Europe. Dorénavant, actuellement, un pays européen qui ne serait pas d'accord avec le tracé d'une frontière porterait ce désaccord en justice, chercherait à obtenir gain de cause par le droit et il respecterait l'arrêt rendu par la cour compétente – quitte à tenter de négocier un compromis ou un dédommagement et à s'en contenter s'il n'obtient pas gain de cause. C'est arrivé ces dernières années entre la Croatie et la Bosnie-Herzégovine ; entre la Macédoine du Nord et la Grèce. En l'espèce, nous ne rentrons pas ici dans le débat sur l'appréciation de la revendication de la Crimée par l'État russe. Là n'est pas *d'abord* la question. Le problème est que l'État russe a répondu unilatéralement et par la force à une question que lui seul a posée. Il a fait fi tant du droit international que du droit des peuples à disposer d'eux-mêmes. À un point tel qu'il envahit un pays, l'Ukraine, qui aspire à rejoindre l'UE et qui lui est associé. Dès lors, comment éviter d'imaginer que la Russie pourrait considérer que d'autres pays qui, comme la Finlande, l'Estonie, la Lettonie, la Lituanie et la Pologne ont été dans l'empire russe ou dans l'URSS méritent un traitement analogue ? Depuis le 24 février 2022, l'Union européenne se trouve confrontée brutalement au défi de la puissance et de l'impérialisme.

La désaffection des Européens à l'égard de la puissance

Les Européens peuvent-ils être à la hauteur d'enjeux de puissance alors qu'ils ne sont ni un État-nation, ni une puissance ? Autrement dit, les Européens sont sommés de descendre dans une arène de gladiateurs et cela ne les intéresse pas car ils s'en sont détournés et ils ont mis en place des techniques pour ne pas avoir besoin de le faire. Dans le contexte actuel, cela ne suffit plus en raison de l'époque qui a changé. En ce sens, la guerre d'Ukraine contraint les Européens à expliciter et à assumer le rapport que l'Europe entretient avec la puissance.

Avec le recul, la décennie 1990 a été celle d'un moment européen du « monde » : diminution de la conflictualité ; vigueur, non seulement du multilatéralisme, mais aussi de la régulation du monde par les normes et l'interdépendance dans une vision universaliste ; le protocole de Kyoto sur la réduction des gaz à effet de serre a été signé en 1997 ; l'Organisation mondiale du commerce a été créée en 1995 ; des tribunaux pénaux internationaux (pour l'ex-Yougoslavie et le Rwanda) ont été instaurés, puis la Cour pénale internationale a été créée en 2002. Les Européens ont directement initié le protocole de Kyoto sur la lutte des pays de l'OCDE contre le changement climatique ainsi que la création de l'OMC, dont le premier directeur a été l'ancien commissaire européen au commerce Pascal Lamy. De façon générale, de nombreux régimes autoritaires ont basculé dans la démocratie, non seulement dans l'ancienne Europe soviétique, mais aussi en Amérique du Sud, en Asie du Sud-Est et en Asie de l'Est, ainsi qu'en Afrique.

Les Européens n'ont bien entendu pas été les seuls responsables de cette évolution d'ensemble. Mais celle-ci correspond à leur manière de voir, à leurs valeurs et aux modalités d'action qu'ils cherchent à promouvoir dans le fonctionnement de l'espace mondial. Ils en sont des acteurs dynamiques. Pour eux-mêmes et leurs propres affaires, ils ont développé de 1989 (chute du mur de Berlin) à 2007 (crise des *subprimes*) un multilatéralisme tous azimuts liant progression des échanges et progrès de l'état de droit et des droits humains : sommets réguliers UE-Inde, UE-Chine, UE-Amérique latine ; création de l'APE (accords de partenariat économique signés à Cotonou, 2000) avec les pays ACP (Afrique, Caraïbes, Pacifique) ; « politique de voisinage » avec douze pays du monde arabo-musulman et du Proche-Orient (processus de Barcelone, 1995), ainsi qu'avec six pays anciennement soviétiques (partenariat oriental) ; lancement des négociations qui ont abouti dans la décennie 2010 à plusieurs traités de libre-échange avec la Corée du Sud, le Canada, le Japon, Singapour, le Vietnam, la Nouvelle-Zélande, notamment.

Cette manière européenne de voir et de pratiquer la géopolitique est devenue progressivement moins en phase avec la géopolitique mondiale. Aujourd'hui, la situation géopolitique de l'Europe est bien plus délicate qu'elle ne l'a été à l'entrée du XXIe siècle, vingt ans plus tôt. Il suffit d'évoquer l'évolution de l'un des auteurs qui l'analyse avec finesse, Zaki Laïdi. En 2005, il publiait *La Force par la norme. L'énigme de la puissance européenne*[6]. En 2013, moins de dix années plus tard, le même auteur publiait *Le Reflux de l'Europe*. Cette évolution dans l'ordre des idées et de l'analyse est révélatrice de l'évolution globale de la situation de l'Union européenne dans l'espace mondial. Le premier de ces deux livres rend compte d'un moment où les principes qui fondent la construction européenne semblent être partagés par un nombre grandissant d'acteurs et s'appliquer à un nombre de situations de plus en plus élevé : la fin de la guerre froide fait place à un monde multipolaire de plus en plus fondé sur le multilatéralisme, l'interdépendance, le droit et la norme, et moins sur le rapport de force, la domination et le conflit. De façon aussi rapide que peu anticipée, cette tendance a été battue en brèche dès le début de la décennie 2010. La tendance en cours est au souverainisme[7]. Celui-ci se caractérise par le fait que les gouvernements de la plupart des pays les plus influents (l'UE les fréquente au sein du G20) privilégient des politiques de puissance néo-nationalistes : elles visent moins l'interdépendance ou, comme du temps de la guerre froide, une vision globale d'un ordre mondial susceptible de rallier États et populations, qu'une politique étrangère dont le but est de faire prospérer leurs intérêts nationaux particuliers et qui s'affranchit du principe de fidélité aux alliances.

Cette évolution prend les Européens à contrepied. Elle les place dans une position, non pas d'isolement, mais de « solitude[8] ». L'Union européenne est fondée sur la conviction que la société a beaucoup plus à perdre qu'à gagner dans la confrontation entre les égoïsmes nationaux. Depuis le début des années 1950, les pays européens – États-nations souverains – mutualisent leur souveraineté par la construction européenne, cette entité territoriale politique supranationale. Pour préserver ce projet et le faire prospérer, les Européens se demandent à présent paradoxalement s'ils ne devraient pas à leur tour faire acte de puissance et d'égoïsme. Serait-ce au risque de la perte de leur identité politique et géopolitique ? À ce stade, on constate surtout la volonté collective européenne de garder ce cap et de défendre les intérêts de l'Europe sans se doter d'une politique de puissance fondée sur le rapport de force. C'est particulièrement visible dans les relations que l'UE entretient avec la Chine et cela reste le cas avec la Russie. Ce pari est intéressant et osé. S'il réussit, les Européens auront œuvré à un monde plus harmonieux et davantage soucieux de son intérêt général ; s'il échoue, les Européens risquent d'être marginalisés et objets de dominations. Ce choix de ne pas être une puissance mais d'influencer le monde par le droit, l'interdépendance, la conviction et l'attractivité[9] est très cohérent avec le choix des Européens de construire pour eux-mêmes une entité territoriale et politique dont le régime politique a deux clés de voûte : le pluralisme et la supranationalité.

La singularité supranationale des Européens

La supranationalité consiste à instituer des pouvoirs qui procèdent simultanément de plusieurs légitimités nationales et dont les décisions s'appliquent simultanément sur les territoires nationaux des pays correspondants, y compris sur ceux des États dont le vote est minoritaire lors de votes à la majorité qualifiée des États membres. Une organisation régionale dont les décisions, dans les domaines de compétence qui sont les siens, requièrent le vote à l'unanimité ou tolèrent le droit de veto, n'est pas supranationale. C'est pourquoi le degré de supranationalité d'une organisation régionale indique son degré d'intégration régionale. De fait, l'Union européenne est l'unique entité territoriale supranationale de l'espace mondial.

Les politistes qui se sont intéressés à la souveraineté dans la construction européenne recourent pourtant à une image qui fausse la compréhension de ce qui est à l'œuvre. Paul Magnette écrit ainsi qu'avec la construction européenne, « le concept de souveraineté perd une de ses caractéristiques historiques : sa territorialisation [...] il s'agit en d'autres termes de ne plus lui attribuer aucun lieu[10] ».

Il convient au contraire d'imaginer et de voir les caractères du nouveau territoire forgé par le régime de souveraineté supranationale qu'invente la construction européenne. Contrairement à ce qu'écrit Paul Magnette, le territoire européen se définit comme l'espace sur lequel s'exerce l'autorité et la juridiction européenne. Dans la mesure où ce territoire de l'UE est également celui des États membres ; dans la mesure aussi où ces États, dans les domaines de compétences mis en commun, considèrent souverainement qu'il leur revient de mettre en œuvre les politiques publiques et les décisions de justice de l'UE sur leur territoire national alors considéré comme une portion du territoire de l'UE, la mutualisation de la souveraineté et du territoire est la caractéristique principale de la construction européenne. Autrement dit, l'on reconnaît le territoire supranational européen de la façon suivante : c'est l'espace tissé par un partage volontaire du contrôle territorial par les États nationaux avec les autres États membres de la communauté. Chaque État accepte volontairement de prendre part à la souveraineté qui s'exerce sur les autres territoires que le sien, et que la souveraineté, les politiques publiques et la vie politique de « son » territoire soient coproduites avec les autres États membres volontaires.

L'Union européenne n'est pas un acteur non étatique transnational, social ou privé, qui contourne la souveraineté, lui fait contrepoids ou l'amenuise. Elle repose sur l'institutionnalisation de nouveaux acteurs de type étatique supranationaux comme la Commission européenne, la Cour de justice et la Banque centrale européenne. L'Union européenne, comme un État, organise, contrôle, régule son territoire supranational par une production législative et juridique, et par des politiques publiques en nombre croissant. Jean-Marc Ferry, philosophe politique, indique que « la souveraineté est partagée quant à l'exercice – c'est la co-souveraineté des États de l'Union, au sens où les nations n'ont plus le monopole de l'édiction des normes applicables sur leur propre territoire[11] ».

La construction européenne figure une étaticité multiterritoriale. Il s'agit d'une forme de pouvoir sur le territoire qui n'est plus entièrement contenu dans le pouvoir d'État, mais dans la capacité politique des acteurs, y compris les acteurs étatiques, à se mettre en réseau. L'Union européenne, avec ses politiques publiques conçues et opérées sur leur territoire national par des États-nations en tant qu'ils sont États membres volontaires et engagés d'une entité supranationale, entraîne donc un profond remaniement de la souveraineté territoriale[12]. Dans ce processus inédit de *mutualisation territoriale*, les États membres et l'UE sont souverains en même temps. La construction européenne invente le territoire supranational.

L'opposition brutale de la Russie au rapprochement entre l'UE et l'Ukraine

C'est dans ce contexte que les Européens ont été confrontés à un régime russe frontalier de l'UE bafouant le droit. Il s'agit d'une expérience éprouvée depuis le début des années 2010 et qui les a surpris et déroutés. La politique européenne de la Russie est devenue résolument inamicale et indifférente au droit. L'annexion de la Crimée en 2014 le dévoile sans ambiguïté.

Cette politique européenne de la Russie se caractérise par la préférence pour le rapport de force et l'usage de la force, la marginalisation et le contournement du droit international, le manque de considération pour la souveraineté populaire. Il s'agit surtout de ne s'inscrire dans aucune des régulations juridiques et diplomatiques qui codifient les relations entre États et garantissent l'autonomie des sociétés[13]. Depuis 2014, le gouvernement russe a ainsi unilatéralement détaché une partie du territoire ukrainien, la Crimée, avant de l'annexer au territoire de la Russie, tout en nourrissant une guerre[14] de sécession du Donbass dans l'Est de la République d'Ukraine, dont il a perturbé avec constance le fonctionnement et la souveraineté. De façon plus classique, les autorités russes déclinent leur contournement et leur perversion des règles de droit et des relations de confiance entre pays par la violation régulière et anonymisée des espaces aérien, sous-marin, cyber et politique de l'UE, comme par la production talentueuse de *fake news* et de propagande anti-libérale, *via* les réseaux sociaux et certains médias audiovisuels dédiés[15].

Depuis l'arrivée au pouvoir de Vladimir Poutine en 1999, l'Union européenne est bousculée de l'intérieur par les actions hostiles de la Russie. Tandis que le pouvoir russe ne respecte pas les normes du droit international, une frange non négligeable de l'opinion publique européenne et les partis politiques de l'Eurogroupe parlementaire de droite extrême « Identité et démocratie » comme quelques partis de la droite classique membres du Parti populaire européen (droite démocrate-chrétienne et conservatrice, premier groupe au sein du Parlement européen) prônent une bifurcation de la politique étrangère de l'UE vers un rapprochement avec Poutine et ses valeurs.

Cette attitude contribue à nourrir un débat sur l'éventuelle responsabilité de la politique européenne de voisinage dans le déclenchement de cette politique de nuisance de l'État russe aux marges orientales de l'Union européenne et au sein de l'Union même. L'UE a soutenu la révolution ukrainienne du Maïdan (2014) qui était favorable à la démocratie et au projet de traité d'association, économique et commercial, entre l'Ukraine et l'UE dans le cadre de sa politique de voisinage oriental. Les dirigeants de l'État russe ont interprété ce soutien comme une volonté d'affaiblir la Russie, voire de l'encercler. C'est en tout cas le prétexte qu'ils ont utilisé à partir de 2014 pour fragmenter le territoire ukrainien et violer la souveraineté territoriale des Ukrainiens au nom de la défense de celle-ci.

Face à cette détermination de Poutine, l'Union européenne, de 2014 à 2022, n'a pas abdiqué cette politique de voisinage par laquelle elle formalise et institutionnalise les relations économiques et sociales fortes entre elle et, notamment, l'Ukraine, la Moldavie et la Géorgie. L'accord d'association a fini par entrer en vigueur en 2017. Au nom de sa préférence pour l'état de droit et la négociation entre pairs, l'UE ne reconnaît pas l'annexion de la Crimée ; elle condamne la guerre hybride fomentée par la Russie dans l'Est de l'Ukraine ; elle l'a sanctionnée par un embargo sur un grand nombre de marchandises et de services financiers. Elle a renforcé, y compris lorsque Trump présidait les États-Unis, la présence militaire dissuasive de l'Otan dans les États baltes, en République tchèque et en Pologne.

L'UE s'est enfin impliquée dans une médiation – le processus de Minsk – entre les États ukrainien et russe depuis que le second a conquis la Crimée et fomenté une guerre de sécession dans le Donbass, deux régions de la République d'Ukraine. Ce scénario semblait comme une réplique du scénario géorgien de 2008 : l'armée russe a brièvement franchi sa frontière d'avec la Géorgie, avancé jusqu'à 50 kilomètres de Tbilissi, avant de se retirer tandis que le gouvernement russe a reconnu et a garanti l'indépendance autoproclamée de deux territoires sécessionnistes, l'Abkhazie et l'Ossétie du Sud, amputant d'autant le territoire de la Géorgie. Cette situation de fait étant appelée « conflit gelé », les Européens ont déployé leur politique de voisinage dans le but de contrebalancer la politique russe de déstabilisation des institutions démocratiques géorgiennes et d'offrir à la société géorgienne une alternative au projet russe de mettre le pays sous influence.

Dans le même temps, l'Union européenne a moins soutenu la révolution en Arménie de 2018 et le mouvement démocratique violemment réprimé en Biélorussie en 2020 qu'elle n'a soutenu les révolutions de couleur précédentes en Géorgie et en Ukraine entre 2003 et 2014. Il est vrai que le nouveau gouvernement arménien de Pachinian a fait le choix du maintien de l'alliance avec la Russie plutôt que du resserrement des liens avec l'UE. Ce n'est que depuis que l'armée russe, censée y assurer la paix, a laissé l'Azerbaïdjian chasser du Haut-Karabakh ses 100 000 habitants arméniens en 2023, que Pachinian se rapproche de l'UE. Enfin, les États de l'UE impliqués dans la guerre contre l'État islamique ont laissé la Russie intervenir lourdement dans la guerre civile syrienne et faire gagner le régime dictatorial très brutal dirigé par Bachar el-Assad.

Alors que l'UE et la Russie n'utilisent pas la même grammaire géopolitique, les Européens ont privilégié un certain attentisme face à l'affirmation du gouvernement de Poutine d'une vision impériale de son voisinage qu'elle nomme *étranger proche* pour maintenir sous emprise dans un espace post-soviétique les anciennes républiques socialistes soviétiques devenues indépendantes en 1991[16]. Focalisée sur ses politiques intérieures, l'Union européenne a, avant l'invasion de l'Ukraine, choisi une politique russe plutôt placide : son but est alors de circonscrire dans les limites qui lui paraissent tolérables le pouvoir de nuisance russe. Ces limites sont : l'enclave de Kaliningrad située sur la Baltique dans l'UE entre la Pologne et la Lituanie où la Russie entretient une importante force nucléaire et une flotte de sous-marins ; la violation récurrente par les Russes des espaces maritime, aérien et cyber des États membres de l'UE du nord-est de la mer Baltique ; la diffusion, au nom du pluralisme et de la liberté d'opinion dans l'UE, de chaînes de télévision dédiées au point de vue de l'État russe dans plusieurs pays d'Europe (RT et Spoutnik). Cette réalité de la politique souverainiste et de puissance de la Russie ne masque cependant pas que la Russie est devenue un pays rentier, à la merci de ses exportations d'énergies fossiles dont il est très dépendant, dont le poids économique ne dépasse plus celui de l'Espagne, qui perd des habitants chaque année, et dont le régime politique a une structure de plus en plus mafieuse et une base sociale de plus en plus friable.

Il s'agit donc d'arrimer l'Ukraine à l'UE tout en maintenant sur la Russie une pression (par des sanctions ciblées et mesurées) dans l'attente et l'espoir de sa démocratisation et d'un renoncement à sa politique du fait accompli. L'approvisionnement énergétique d'une partie des Européens en énergies fossiles russes est considéré par eux comme une interdépendance : l'État russe ayant autant besoin de ces exportations que plusieurs États membres de l'UE de ces importations, la Russie ne prendrait pas le risque de mener une politique à laquelle s'opposeraient frontalement les Européens. Ses élites finiraient par revenir à une politique moins néo-impériale et plus partenariale, comme sous Eltsine et le premier mandat de Poutine, car c'est, objectivement, leur intérêt.

Aussi les Européens n'ont-ils pas en 2014 modifié leur choix de s'approvisionner fortement en gaz russe, bien au contraire. La politique russe des Européens dans leur ensemble visait à contenir l'ingérence et l'influence de l'État russe dans les pays ayant appartenu à l'URSS, à limiter les tentatives de l'État russe de fausser la vie politique démocratique des États de l'UE par la corruption, la manipulation de l'information et des données et aussi la convergence idéologique, et à accroître l'interdépendance économique entre l'Europe et la Russie. C'est un pari sur le temps long. Un pari qui s'explique aussi par le fait que les relations avec la Russie et les politiques de l'État russe sont l'un des problèmes parmi plusieurs autres de grande importance sur lesquels doivent agir au même moment les Européens.

Pour Marc-Antoine Eyl-Mazzega[17], en maintenant cette orientation après 2014, les Européens sont tombés dans un piège tendu par les Russes, celui du gaz bon marché leur permettant d'une part de minimiser les efforts à fournir pour maintenir la compétitivité de leur industrie, et d'autre part de donner corps à leur grand objectif de transition énergétique et de diminution volontariste de leurs émissions de gaz à effet de serre[18]. Les Européens ne sont alors pas satisfaits de la situation mais ils font avec car ils n'imaginent pas que Poutine puisse lancer l'armée russe dans l'invasion et la conquête de l'Ukraine.

L'Union européenne ou l'État des Européens

Les Européens ont-ils été pris de court par l'invasion russe de l'Ukraine ? La réponse est oui. Les États membres de l'Union européenne n'ont pas du tout envisagé ce scénario. C'est pourquoi, pour eux, la guerre russe à l'Ukraine est d'abord un choc. L'invasion militaire de la Russie en février 2022 a rendu caduque cette politique ukrainienne de l'UE. L'Ukraine est depuis longtemps un proche de l'organisation européenne. Elle est un pays frontalier ; elle est un pays avec qui les Européens ont un accord d'association – qui favorise les échanges économiques, la mobilité des personnes et les avancées de l'état de droit ; elle est un pays soutenu par certains États membres, comme la Pologne, qui militent pour son adhésion, tandis qu'une majorité d'Ukrainiens se déclarent Européens et en faveur d'une intégration à l'UE.

Le coup de massue de l'invasion russe fait résonner d'une manière particulière le texte publié par Milan Kundera en 1983, *Un occident kidnappé, ou la tragédie de l'Europe centrale* :

> L'Europe centrale voulait être l'image condensée de l'Europe et de sa richesse variée, une petite Europe archieuropéenne, modèle miniaturisé de l'Europe des nations conçue sur la règle : le maximum de diversité sur le minimum d'espace. Comment pouvait-elle ne pas être horrifiée par la Russie qui, en face d'elle, se fondait sur la règle opposée : le minimum de diversité sur l'espace maximal[1] ?

L'invasion de l'Ukraine figure une tentative sanglante mais d'arrière-garde de l'État russe pour éprouver la profondeur et la solidité de l'état d'esprit qui anime la construction européenne, le contester et le démolir, et ainsi prouver que l'impérialisme et la violence restent structurants et efficaces en Europe.

C'est tout le contraire qui advient. La réaction de l'UE témoigne de la profondeur du changement de paradigme des relations entre Européens. Ils tiennent tant à leur système territorial interdépendant, mutualisé, pacifié et a-impérialiste, qu'ils inventent des politiques et des actions inédites et imaginatives pour le défendre en engageant leurs forces économiques et industrielles auprès des Ukrainiens et contre l'État russe. C'est le sens tant des adhésions en cours que de la formation concomitante de la Communauté politique européenne (CPE).

Le 22 février 2022, en envahissant l'Ukraine deux jours après avoir déclaré unilatéralement l'annexion du Donbass, le régime russe a, lui, souligné que ses valeurs s'opposent point par point à celles de la construction européenne : le pluralisme, le droit, l'échange, l'esprit critique, la négociation. Cette distinction radicale a été aggravée par les crimes de guerre perpétrés par l'armée russe dès le début de l'invasion[2]. Ces derniers ont soudé les Européens dans leur sentiment que le régime russe était détestable. Ceux des partis politiques qui dans l'UE ont plaidé depuis des années pour le rapprochement avec le régime de Poutine[3] le font bien moins aujourd'hui ou adoptent une prudence attentiste voire « un virage à 180 degrés[4] ».

Les États membres de l'UE ont sanctionné très sévèrement l'agresseur, y compris à leur détriment. Ils s'engagent à se déprendre de l'interdépendance qu'ils ont tissée avec la Russie depuis plus de vingt ans, notamment dans les secteurs de l'alimentation et de l'énergie. Ils ne veulent plus financer son impérialisme et son militarisme ; et ils ne veulent plus être dépendants de ce pays voisin qui voit dans leur existence un obstacle et un rival tant il est vrai que l'UE exerce un vif pouvoir d'attraction sur les sociétés des pays de l'espace dit post-soviétique. Or, le régime russe de Poutine résout, lui, ce type de concurrence par la violence.

Face à la guerre d'agression de l'Ukraine par la Russie, les dirigeants Européens prennent avec célérité et ensemble des décisions fermes, pertinentes et résolues : ils agissent. En étroite liaison avec leurs alliés de l'Otan et leurs proches partenaires de l'OCDE, ils isolent l'agresseur, réduisent drastiquement ses accès au commerce et aux finances. Bien entendu, l'État russe parvient pour partie à trouver des clients de substitution, mais de façon partielle et à des prix bradés. La partie la plus urbaine et la plus internationalisée de la population russe est affectée par la chute du rouble, la limitation drastique de sa mobilité internationale, la fermeture des universités des pays de l'OCDE, l'exil. Dans le même temps, on l'a évoqué, les Européens soutiennent les Ukrainiens par les moyens de l'hospitalité, de la solidarité, du financement de la reconstruction et de la livraison de matériel de guerre de plus en plus puissant et sophistiqué. Ils arment l'Ukraine agressée et qui résiste[5].

Cette agression militaire a réveillé chez les Européens un sentiment de peur pour leur territoire. Dans les opinions publiques de plusieurs États membres de l'UE qui ont été précédemment incorporés (ou manqué de l'être) dans l'empire soviétique[6], c'est la peur d'être envahi dans la foulée de l'Ukraine qui est présente et latente. Au sein de plusieurs pays de l'ancienne Europe des Douze, la peur d'une attaque non conventionnelle russe par l'arme atomique se manifeste ; notamment parce que l'UE partage avec la Russie 2 257 kilomètres de frontières et que l'*oblast* de Kaliningrad, avec sa base militaire et son arsenal nucléaire, est une enclave de la Russie dans l'UE sur la mer Baltique.

Les Européens ont réalisé que le territoire de l'entité politique européenne (CECA dès 1951 ; CEE dite « marché commun » de 1957 à 1993 ; Union européenne depuis) est inviolé depuis près de 80 ans. Le prix Nobel de la paix de 2012 a reconnu cette réalité qui marque une rupture radicale dans l'histoire moderne pluriséculaire des Européens.

Avec l'invasion d'un pays associé à l'UE par une puissance coloniale à leurs frontières, les Européens ont réalisé qu'ils se sont dépris de la guerre comme mode de relation entre eux et comme modalité de l'action publique. Ils sont confrontés au fait que cette façon de voir les choses et d'agir est aux antipodes des valeurs de la majorité des citoyens de Russie[7]. L'invasion de l'Ukraine amène les Européens à prendre pleinement conscience de ce qui les caractérise et ce qui les différencie radicalement de la Russie actuelle : la politique de ce pays est une politique de puissance ; elle témoigne que le gouvernement russe considère l'impérialisme et le colonialisme légitimes et actuels. Par contraste, car cette puissance menace l'UE, les Européens prennent pleinement conscience qu'ils sont sortis de l'un comme de l'autre et que leur construction territoriale et politique supranationale européenne n'est pas une puissance car ce n'est pas leur projet ni sa vocation.

Soutenir la défense de l'Ukraine, un engagement européen

Concrètement, en prenant en quelques heures la décision de fournir des armes à l'Ukraine *via* la facilité européenne pour la paix et des engagements gouvernementaux nationaux, les dirigeants de l'UE ont ajouté à l'attraction et à la séduction, ces modalités cinquantenaires d'exercice de leur influence, le commandement, la coercition et l'incitation. Hormis la Hongrie, tous les pays s'y sont mis, quand bien même certains plus tard que d'autres. L'UE est une puissance dite civile : plutôt que la puissance, elle vise l'influence[8]. Rien n'indique qu'elle ait changé d'objectif – bien au contraire. Mais l'UE opère une importante bifurcation dans ses pratiques : elle s'engage dans un conflit par le soutien massif à l'un des deux belligérants, le pays agressé, et par des sanctions radicales à l'endroit de l'autre belligérant, le pays agresseur.

En février 2022, les Européens convergent très vite vers une coordination au niveau européen de ces objectifs nationaux. *Mutadis mutandis*, ils font avec la production et la livraison de matériel militaire comme ils ont fait avec les vaccins anti-Covid. De façon disruptive, l'Union européenne mobilise la facilité européenne pour la paix pour financer des dons de matériel militaire à l'Ukraine par ceux des États membres qui l'ont décidé. Cette facilité représente 1/8e du total de l'aide militaire fournie et budgétée par les 27 à l'Ukraine – soit, au 31 juillet 2023, 5,6 milliards d'euros. C'est la première fois, depuis sa création en 2021, que cet instrument est utilisé. L'effet de levier est bien supérieur à cette proportion : il s'agit en effet d'une politique publique mutualisée – décidée ensemble à 27 avec une exécution confiée au HRVP (acronyme officiel du ministre des Affaires étrangères de l'UE, poste occupé par Josep Borrell, qui dirige le Service européen pour l'action extérieure). C'est bien l'UE qui s'engage en tant que telle dans le soutien à l'effort de guerre de l'Ukraine.

L'Union européenne affirme ainsi des choix. Premier choix : l'UE comme ensemble se positionne comme une entité aux capacités régaliennes[9]. Cela a déjà été le cas avec le plan de relance de l'économie européenne afin de faire face aux conséquences de la pandémie dont le déploiement est en cours. En se dotant de ce budget extraordinaire financé par des bons du Trésor européen et réparti entre les différents pays de l'UE, l'ensemble des acteurs du système politique européen ont chargé la Commission européenne d'être comme un ministère des Finances d'un État européen. L'avenir dira si cette disruption est une exception ou un précédent. Dans le même temps, cela a aussi été le cas, de façon plus subtile, avec la politique vaccinale anti-Covid de l'UE. La Commission européenne a préacheté des doses de vaccin en train d'être élaborées en quantité considérable, le but étant que les vingt-sept gouvernements nationaux puissent acheter égalitairement des vaccins en quantité suffisante pour tous leurs administrés. Sur le même registre, la Commission, toujours avec l'accord des États membres, a passé des ordres d'achats groupés de gaz aux nouveaux fournisseurs sur lesquels se sont tournés les pays européens en substitution du gaz russe. En octobre 2023, ils ont réformé le fonctionnement du marché européen de l'électricité. Cette réforme paraît difficile à entreprendre : nombreux étaient les commentaires énonçant un désaccord entre l'Allemagne et la France qui la rendrait impossible à concevoir. Cette réforme rappelle que le fonctionnement classique du tandem franco-allemand est de viser une solution commune à partir de situations et d'analyses éloignées – et de prendre le temps nécessaire pour y parvenir[10]. Autrement dit, les Européens ont gardé le cap de la grande bifurcation énergétique décidée très rapidement en février 2022 qu'ils mettent en œuvre dans ses différents aspects. Ils contiennent de cette manière l'inflation des prix de l'énergie qui a été favorisée par la diminution drastique d'importations de sources d'énergies fossiles en provenance de Russie.

Deuxième choix : l'UE s'est décidée à manier l'un des instruments non seulement du régalien mais aussi de la puissance, à savoir « faire la guerre ». Toutefois, les Européens ne font pas la guerre directement ni même concrètement au sens strict. Sans livrer de guerre, les Européens prennent parti dans une guerre en mobilisant leur industrie de défense et leurs capacités militaires. Ils livrent des armes de guerre, ils forment les combattants de l'armée ukrainienne (plus de 25 000) et partagent du renseignement militaire avec les Ukrainiens.

Troisième choix : celui d'une volonté politique stratégique propre. Cette mobilisation par les Européens de leurs ressources militaires au profit d'un pays associé en guerre – l'Ukraine – ne doit rien à personne. Si l'on additionne, d'une part, la valorisation de l'aide militaire d'ores et déjà effectuée et des engagements annoncés par les pays de l'UE ensemble comme UE et individuellement comme États membres ainsi que, d'autre part, toutes les formes d'aides civiles, l'aide totale fournie par les Européens à l'Ukraine est près de deux fois supérieure à celle fournie par les États-Unis. Dans ce total, l'aide militaire des Européens et des Américains sont équivalentes. Celle des Européens comprend des engagements pluriannuels sur quatre ans. Si l'on ajoute l'effort consenti par les Norvégiens et les Islandais, membres de l'Espace économique européen (EEE), l'aide militaire européenne est même supérieure à l'aide militaire américaine. Depuis l'été 2023, l'Allemagne est le deuxième fournisseur d'aide militaire après les États-Unis. Le Royaume-Uni, qui n'est ni dans l'UE ni dans l'EEE, est le troisième. Rapporté au PNB, l'Allemagne est le neuvième fournisseur d'aide militaire. Ni les États-Unis ni le Royaume-Uni ne sont dans les dix premiers qui sont : la Norvège, la Lituanie, l'Estonie, la Lettonie, le Danemark, la Pologne, la Slovaquie, la République tchèque, l'Allemagne et la Finlande[11].

Dans le même mouvement, dès mars 2022 deux des trois États membres de l'élargissement de

1995, la Finlande et la Suède, décident de rejoindre l'Otan. La Finlande, dont 1 340 kilomètres de frontières sont communes avec la Russie, en est devenu membre en avril 2023, tandis que le processus de ratification de l'adhésion de la Suède poursuit son cours en Hongrie et en Turquie. L'Otan est une alliance défensive : l'UE et ses États membres ne sont pas pacifistes. Ils sont prêts à se défendre et leurs budgets militaires sont en augmentation depuis février 2022. Pour autant, rien n'indique qu'ils aspirent à se transformer en puissance militaire. À cet égard, le changement de doctrine de l'Allemagne énoncé par le chancelier Scholtz en 2022 est significatif[12]. L'Allemagne, selon l'expression de Philippe Gros, est en train de devenir le grenier à armes de l'Ukraine. Si elle est en train de ne plus être cette « grande Suisse », ainsi que la qualifiait Pierre Hassner, elle ne devient pas pour autant une puissance militaire qui se projette dans le monde[13].

En lisant les enquêtes Eurobaromètres de 2022 et 2023, on comprend que les Européens expriment majoritairement dans leur ensemble une demande de politique européenne de défense et d'affaires étrangères depuis plusieurs années et que, dans une forte proportion, ils adhèrent à la politique de soutien à l'Ukraine et à la politique de sanction de la Russie (cette majorité va de massive à nette selon les pays)[14]. Or, *de facto*, le soutien à l'effort de guerre ukrainien et aux sanctions visant à affaiblir l'effort de guerre russe est, dans l'histoire, la première manifestation d'une politique de défense du territoire européen[15]. Le fait qu'il suscite l'accord d'une nette majorité d'Européens est donc un test grandeur nature : il valide dans la pratique le souhait exprimé d'une politique européenne de défense.

Bien entendu, dans la durée, car cette guerre de résistance à l'invasion russe est longue, il y a en Europe un débat sur l'efficacité de cette politique, voire sur sa pertinence. Les partis politiques traditionnellement fascinés par Poutine, soit par consonance avec les valeurs qu'il incarne, soit par antiaméricanisme, sans revenir à la connivence qui était la leur avec son régime avant février 2022, proposent à nouveau de considérer le point de vue territorial russe avec bienveillance, et d'envisager de cesser d'armer l'Ukraine pour les pousser à accepter le fait accompli et cesser les combats. Deux d'entre ces partis sont arrivés en tête lors des élections législatives dans leur pays en 2023, Fico pour le Smer-SD en Slovaquie et Wilders pour le PVV aux Pays-Bas. Les partis politiques, comme le PVV, qui sont regroupés au sein du groupe Identité et démocratie au Parlement européen, l'ont fait savoir lors de leur réunion à Florence en décembre 2023. L'interprétation de ces résultats est débattue au sein de la communauté académique : y a-t-il effritement du soutien des citoyens européens au soutien de l'UE à l'Ukraine, ou pas ? Non. Gilles Ivaldi[16] met en lumière les nombreux facteurs expliquant ces préférences électorales et au premier chef l'insécurité économique. Il n'en reste pas moins que, dans un débat témoignant du pluralisme et de l'esprit démocratique des sociétés européennes, « les gouvernements souhaitant maintenir un soutien conséquent à l'égard de l'Ukraine doivent justifier plus efficacement leurs actions politiques[17] ».

Face au militarisme de l'État russe, l'UE organise toute l'Europe

La guerre de la Russie à l'Ukraine a poussé les dirigeants de l'Union européenne à un profond changement de doctrine : confrontée à l'agression russe, ils ont décidé le 23 juin 2022 d'instituer la Communauté politique européenne, de donner à grande vitesse le statut de candidat à l'Ukraine et à la Moldavie, et de déclarer qu'il est temps de finaliser l'adhésion des pays des Balkans occidentaux[18] qui se négocie depuis une quinzaine d'années et la fin de la guerre en ex-Yougoslavie. Une image symbolise ce tournant : la rencontre à Kiyv, où ils se rendent de nuit, secrètement, en train, des dirigeants italien, allemand, français et roumain – Draghi, Scholz, Macron et Iohannis – et du président Zelensky, une semaine avant.

Les Européens se décident à présent à intégrer dans leur Union sept pays de plus en raison d'un nouveau calcul rationnel : à cause de l'impérialisme et du militarisme de l'État poutinien russe, il est plus coûteux, plus risqué et plus dangereux de ne pas élargir l'Union européenne à ces pays que de les inclure. En effet, hors de l'Union, les sociétés des six pays en question sont bien plus sensibles aux menées et à la culture politique de cet État russe fondée sur la violence, la corruption et l'autoritarisme. En dehors de l'organisation européenne, ces pays sont bien plus exposés au projet de cet État impérialiste qui consiste à limiter ou violer leur souveraineté, contrôler leur territoire et les assujettir selon diverses modalités. Dans la mesure où ces six États sont d'ores et déjà très liés à l'Union européenne économiquement, démographiquement, juridiquement, cette politique russe a pour effet de déstabiliser, d'intimider ou de menacer l'UE elle-même.

En comparaison aux quatre vagues d'élargissement précédentes[19], l'élargissement des années 2020 qui est en cours est un cas de figure différent, spécifique. En effet, l'Union européenne choisit cette fois de s'élargir à des pays dont les sociétés sont en grande partie structurées, d'une part, par la guerre ou l'après-guerre de conflits qui ont du mal à passer et, d'autre part, par le nationalisme. Or, la construction européenne se caractérise fondamentalement par le désintérêt de ses membres tant pour le nationalisme que pour la guerre. Aujourd'hui, dans deux pays (Hongrie et Pologne), des partis parviennent certes durablement au pouvoir en mobilisant le nationalisme, mais celui-ci est très édulcoré, il n'est ni impérialiste ni militariste, et demeure très contraint par le souhait très majoritaire des sociétés d'appartenir à l'Union européenne.

Les six pays de l'élargissement en cours des années 2020 sont de plus, à des degrés divers, des États faillis, ou très vulnérables, ou très corrompus, ou en partie amputés. Ce sont enfin des pays où une partie des forces politiques et sociales est sous l'emprise de l'État russe. Ces problèmes ont pu être présents dans la vague d'élargissement des années 2000, mais marginalement et de façon étalée : Chypre est entrée en 2004 dans l'UE en étant amputée d'un tiers de son territoire par l'armée turque depuis 1974 ; la Roumanie intègre l'organisation en 2007 aux prises avec une corruption importante et la Croatie en 2013 alors qu'elle est travaillée par la sortie de guerre et le nationalisme.

Il s'agit donc d'être inventif. Cette fois-ci, l'élargissement est secondairement un classique problème économique et financier de différentiel de richesses et de niveau de vie. Ce différentiel est bien là et il est très important : l'Ukraine est à la fois bien moins riche que les pays du quatrième élargissement, plus grande que la France en superficie, et avec un nombre d'habitants compris entre celui de l'Espagne et de la Pologne. Elle est à la fois plus rurale que la moyenne de l'Union européenne, et une puissance agricole exportatrice de rang mondial. La colère des routiers et des agriculteurs polonais à l'encontre de leurs homologues ukrainiens témoigne de ces rugosités classiques aux élargissements de l'UE, alors même que la société polonaise est de longue date favorable à l'adhésion de l'Ukraine et qu'elle se mobilise intensément pour la soutenir depuis février 2022. Ce nouvel élargissement va donc amener les Européens à faire évoluer significativement leur budget, leur politique agricole commune et leurs fonds structurels. Cependant, depuis le traité de Rome et la création de la CEE, les Européens ont l'expérience de ce type de défis. Ces problèmes sont moins centraux que dans les élargissements précédents. Ce qui est central, c'est le choix d'élargir à des sociétés qui sont en première instance travaillées par la guerre et les nationalismes. C'est pourquoi l'UE ne se préparera pas à cet élargissement-ci en mobilisant uniquement sa culture politique et son expérience éprouvée du demi-siècle écoulé[20].

Elle le fera en donnant ampleur et profondeur au conditionnement de l'accès aux financements européens au respect de l'état de droit et du pluralisme. Elle le fera en décidant de substituer à l'examen final et au passage du rien à tout (de candidat à État membre) une adhésion progressive de type contrôle continu : on n'attend pas d'avoir ouvert et refermé la totalité des chapitres de la négociation d'adhésion pour déclarer le candidat apte à l'intégration. Les États intègrent graduellement l'organisation, par groupes de chapitres correspondants à des ensembles de politiques publiques. Dès qu'ils intègrent une politique publique de l'UE, un de leur ministre siège au Conseil de l'UE dans la formation qui décide de cette politique et lorsque l'ordre du jour du Conseil est dédié à la conduite et l'évolution de cette politique. Plus généralement, lorsqu'un État candidat sera intégré à hauteur d'un certain degré (par exemple 25 %), leur chef de gouvernement prendra part aux discussions du Conseil européen, organe qui réunit les chefs d'État et de gouvernement et oriente les politiques de l'UE sans les exécuter ni fabriquer la législation. Lorsqu'il sera intégré à l'UE à 50 %, les eurodéputés que l'on aura proposé au pays candidat d'élire avec un statut d'observateur cesseront d'être observateurs et deviendront législateurs. Le pays candidat, intégré à 65 %, nommera un commissaire approuvé par le Parlement européen au sein de la Commission et à 100 %, son commissaire pourra y occuper l'un des trois postes de vice-président exécutif.

En résumé, l'adhésion graduelle déclinera le principe suivant : quand un État candidat est intégré à hauteur de 25 % dans les politiques et les programmes de l'UE, il participe à hauteur de 25 % aux institutions politiques. Quand il est intégré à hauteur de 50 %, il participe à hauteur de 50 %, et ainsi de suite. C'est assez aisé à déployer.

Par ailleurs, il faut faire avec le réel. S'ouvrant à un nombre croissant de sociétés travaillées par le nationalisme et le souverainisme, l'Union européenne gagnera à maintenir le droit de veto tout en le faisant évoluer. Dans cette situation de veto résiduel (budget, fiscalité, politique étrangère et de défense sont les politiques où les décisions se prennent encore à l'unanimité), il sera judicieux de maintenir le droit de veto et d'y remplacer le veto par le « veto + ». Le veto + pourra prendre deux formes. Dans les deux cas, il s'agit de conforter sa valeur, de s'assurer qu'il n'est pas brandi à la légère, mais de façon très significative. Il s'agit de lui donner tout le poids qu'il mérite à l'aune de ce qu'il signifie dans un système politique supranational post-nationaliste.

La première forme que pourrait prendre ce veto + est la suivante : dans les domaines à l'unanimité, le veto ne sera en principe plus posé par un seul pays mais par deux pays. Les dates d'adhésion à l'UE de ces deux pays seront séparées par une certaine période de temps – dix ans d'écart, par exemple. De cette façon, la France et l'Allemagne ne pourront bloquer à elles seules une décision, ni la Hongrie et la Pologne ; ni la Serbie et l'Albanie.

La seconde forme de ce veto + serait que, pour les raisons indiquées ci-dessus, il serait erroné car rigide ou idéaliste de complètement supprimer la possibilité pour un État seul d'exercer son droit de veto résiduel. Ce droit sera maintenu en en rendant l'exercice véritablement précieux : il doit correspondre, non pas à une facilité ou une convenance, mais à l'intime conviction – si l'on peut dire s'agissant d'un État-nation – que la décision, prise au nom de l'intérêt général européen à laquelle on s'apprête à s'opposer, met vraiment en péril l'intérêt national ou supposé tel. Concrètement, avec la seconde forme du veto +, chaque État membre a le droit à un nombre *y* de veto en *x* années. Par exemple, chaque État membre aura droit à trois veto par période de deux années glissantes. Avec ces deux formes de veto +, ce droit a plus de valeur. Le veto devient précieux, rare et donc cher. En tant que signe distinctif, il est fait pour être pris au sérieux et donc assez peu utilisé, même avec trente-trois États membres.

En se lançant dans cette cinquième vague d'élargissement, les Européens sont fidèles avec ce qu'ils veulent et prétendent être. L'Ukraine est un pays associé à l'UE, dont la majorité de la société envisage l'avenir selon les normes et les valeurs de l'Union, à savoir le pluralisme, le droit, l'économie de marché, l'émancipation de l'individu, le progrès pour la société. L'Ukraine est agressée par un État, la Russie, qui lui dénie d'être un pays et dont le régime repose sur des valeurs opposées point par point à celles de l'Europe. Les Européens répondent à ce déni en décidant d'intégrer l'Ukraine et la Moldavie dans leur organisation : ces deux pays ont depuis juin 2022 le statut de candidat. Le 8 novembre 2023, la Commission a proposé aux 27, à l'issue de son examen approfondi des réformes entreprises en un an par les Ukrainiens, de passer à l'étape du processus d'adhésion dès janvier 2024. Le Conseil européen des chefs d'État et de gouvernement s'est prononcé en ce sens le 15 décembre 2023.

L'UE a non seulement décidé d'ouvrir avec l'Ukraine et la Moldavie des négociations d'adhésion, mais a aussi pris l'initiative d'instituer une Communauté politique européenne, par laquelle plus de quarante pays reconnaissent que l'UE polarise et organise l'Europe tandis que la Russie est un problème et un État hégémonique. La CPE réunit formellement tous les pays frontaliers et voisins de l'UE qui sont reliés à l'Union européenne par des liens contractuels et juridiques qui couvrent à peu près tous les champs de la vie économique et sociale. Pour comprendre ce qu'est la CPE, on peut utiliser une image : elle est la réunion informelle de tous les pays européens qui sont intégrés à l'Union européenne à différents degrés. Les pays qui se retrouvent dans le format de la Communauté politique européenne seront caractérisés par leur pourcentage d'intégration à l'UE. Des États membres qui partagent l'euro et l'espace Schengen (soit 18 pays sur 27), on dira qu'ils sont dans l'UE à 120 %. Des pays qui sont dans l'un des deux (soit 7 pays sur 27, dont l'Irlande et la Pologne par exemple), on dira qu'ils sont dans l'UE à 110 %. Des États membres qui ne sont ni dans l'euro ni dans Schengen (ils sont 2, la Bulgarie et la Roumaine), on dira qu'ils sont dans l'UE à 100 %.

Des États non membres de l'UE partie prenante du marché intérieur et de Schengen (Islande, Norvège, Suisse, Lichtenstein), on dira qu'ils sont intégrés à l'UE à 75 %. Et ainsi de suite, en passant par les pays candidats, l'union douanière, les pays associés, les pays du voisinage, les pays partenaires de l'UE, etc.

Tous ces pays sont dans la CPE avec les 27. C'est donc aussi le cas de la Turquie d'Erdogan, qui ne cesse de critiquer les Européens et de mener une politique étrangère en plusieurs points en contradiction avec les intérêts et les valeurs de l'UE. Mais la Turquie conserve son statut de pays candidat ; plus encore, elle est avec l'UE en union douanière. L'Azerbaïdjan aussi est dans la CPE, en dépit de son régime peu démocratique et de sa guerre récente contre l'Arménie, dont le régime est une fragile démocratie tolérée sous condition par Moscou. Aucun de ces deux pays n'est candidat ; mais ils bénéficient de la politique européenne de voisinage de l'UE au sein de laquelle ils ont signé avec l'UE des accords de partenariat et de coopération. C'est aussi le cas de la Géorgie, qui a obtenu le statut de pays candidat le 14 décembre 2023.

Le Royaume-Uni aussi a signé un accord de coopération et de commerce avec l'UE. C'est moins que l'union douanière UE-Turquie, mais c'est beaucoup plus que les règles de l'Organisation mondiale du commerce. Son premier ministre, Rishi Sunak, a récemment déclaré que, tout compte fait, il n'était pas urgent de remplacer par de nouvelles règles et de nouvelles lois toutes celles, innombrables, qui étaient les déclinaisons dans le droit britannique de la législation européenne, héritage d'un demi-siècle d'appartenance à l'UE. Le Royaume-Uni est, avec un plaisir non dissimulé, dans la CPE. C'est également le cas de la Norvège, de l'Islande et de la Suisse : ces trois pays très industrialisés et prospères qui consomment, importent et exportent de façon intense ne veulent surtout pas être dans l'UE. Ils sont pourtant, à leur demande, dans Schengen et dans le marché intérieur de l'Union. Ils contribuent à son budget et participent à ses programmes.

La CPE rend visible, spectaculairement mais sans ostentation, à quel point les Européens ont comme ensemble tourné le dos aux rapports de puissance et de domination, et ont tourné la page des impérialismes. Ils leur préfèrent l'interdépendance, la négociation, l'échange et la convergence. La conflictualité et la guerre y sont de moins en moins des options préférentielles ou des politiques publiques parmi d'autres. Quand cela arrive ou menace d'arriver, comme dans cette période entre la Serbie et le Kosovo, cela apparaît comme une anomalie, un archaïsme, que le système dans son ensemble va apaiser. Autrement dit, la CPE révèle que l'état d'esprit qui préside à la construction de l'UE depuis 1950 a fait tache d'huile. Il s'étend progressivement à tous les États européens.

Cette extension n'est ni linéaire, ni généralisée. Disons que cet état d'esprit s'est d'ores et déjà considérablement étendu depuis 1950, et que son attractivité et son influence sont au travail. On n'ignore pas l'objection de l'agression et l'épuration ethnique des Arméniens du Haut-Karabakh par l'armée azerbaïdjanaise en 2022 et 2023. Mais, alors que des échanges informels ont lieu entre ces parties prenantes et l'UE lors des réunions de la CPE, on peut se rappeler qu'aucune des parties n'a jamais incité l'UE à intervenir ni à faire de la médiation. D'autre part, comment l'UE aurait-elle pu débloquer le blocus instauré en 2022 par l'Azerbaïdjan alors que c'était le rôle qui était assigné à l'armée russe avec le consentement des deux adversaires ? La Russie empêche toute résolution sur l'Ukraine au Conseil de sécurité de l'ONU. Pourquoi n'a-t-elle pas mobilisé le Conseil de sécurité pour que soit condamné le blocus, et pour qu'un mandat d'interposition lui soit donné ? L'UE, pour sa part, n'est pas au Conseil de sécurité – ni même à l'ONU – et l'on peut se demander pourquoi.

Jusqu'à l'agression qui a chassé du Haut-Karabakh 100 000 Arméniens, la République d'Arménie comptait sur la Russie. Elle considérait, comme la République d'Azerbaïdjan, que l'état de fait et le recours à la force étaient plus légitimes que le droit international, pour régler et pérenniser des revendications historiques. Oui, en effet, l'Azerbaïdjan est devenu un fournisseur d'énergie des Européens – parmi beaucoup d'autres dans le cadre de la rupture des relations commerciales avec la Russie et des sanctions envers celles-ci. Imaginer que c'est cela qui explique la non-intervention de l'UE au Haut-Karabakh revient à ne pas regarder l'ensemble du tableau et à ne pas prendre l'Europe pour ce qu'elle est : une association de pays et de sociétés post-nationalistes et post-bellicistes. L'Europe se caractérise par son désintérêt pour la puissance et pour les politiques de puissance. Elle s'étend car et quand ce « modèle » est attractif. Elle n'est pas prosélyte, ni ne s'imagine détentrice d'une mission ou d'un pouvoir particulier. Si elle est attaquée ou menacée, elle se défend. On pourrait se réjouir de cette évolution. C'est une évolution majeure, une rupture avec une histoire pluriséculaire de guerres, de compétition étatique, d'impérialismes, de mépris du pluralisme, de conflits et de morts.

Dans l'état actuel des choses, l'Union européenne pourrait tout à fait s'engager auprès des Arméniens et de la République d'Arménie s'ils le souhaitaient, dans les limites des compétences et des capacités qui correspondent à ses valeurs : soutien humanitaire et financier, soutien à la construction d'un état de droit et au pluralisme. L'UE pourrait faire en sorte que l'Otan fasse savoir à l'Azerbaïdjan que la mise en péril de la souveraineté et l'intégrité territoriales de l'Arménie est une ligne rouge à ne pas franchir. De cette manière, il s'agit d'indiquer que le statut de membre de la CPE implique l'appartenance à une association de pays qui règlent leurs contentieux par le droit, l'arbitrage et la négociation – et non par la voie de fait et le droit du plus fort. Comme l'analyse Kant dans *Vers la paix perpétuelle*[21], un traité de paix n'est jamais que la reconnaissance d'un rapport de force à un instant « t » nécessairement destiné à être bafoué dès que l'une des deux parties estimera que la situation tourne à son avantage. Ni traité ni État mondial, la paix perpétuelle est, elle, le projet d'une société de nations libres, chacune respectant l'autonomie de toutes dans une *alliance de paix*. Kant précise que la paix entre les peuples ne peut se confondre avec un *État des peuples*, c'est-à-dire un État qui engloberait tous les peuples. Cet horizon mondial d'une *alliance* des peuples et des États qui renonce à la hiérarchie des États, au nationalisme et aux rapports de force et de domination, est opérationnellement mis en œuvre avec la construction européenne. L'agression de l'Ukraine par la Russie pousse l'Union européenne à inviter tous les pays situés entre la Russie et l'UE à participer de cet état d'esprit républicain s'ils le souhaitent. C'est le sens de la Communauté politique européenne. Avec la CPE, l'UE assume qu'il existe un système territorial européen dont elle est le pôle organisateur.

Au-delà de la CPE, il y a la déclinaison dite méditerranéenne de la politique de voisinage. L'Europe, comme nous l'avons indiqué à plusieurs reprises, a tourné le dos à la puissance. Avec sa spécificité d'une association démocratique et supranationale d'États-Nations souverains, elle cherche à se donner les moyens de l'influence. Sur le conflit proche-oriental, la doctrine de l'UE a été posée à Venise en 1980.

À partir des positions et des valeurs que l'Union européenne adopte et promeut, elle pourrait proposer et promouvoir des actions politiques de nature à se projeter dans l'avenir. Une internationalisation de la gouvernance de la bande de Gaza, par exemple, pourrait ainsi bénéficier d'une politique de *state-building* et de son désarmement prévu par les accords d'Oslo. L'UE serait légitime à le faire, au vu de son expérience dans ce type de politiques au sein de plusieurs pays de l'ex-Yougoslavie depuis le début des années 2000. Plutôt que de se positionner uniquement en « premier » donneur d'aides financières aux territoires palestiniens et en premier partenaire commercial d'Israël, l'Union aurait avantage à prendre l'initiative d'internationaliser également la coordination de cette aide, de façon à promouvoir une évaluation par les pairs de ces flux financiers, à pousser les pays de la Ligue arabe et la Turquie à prendre leurs responsabilités, à les inciter à être en première ligne dans cette interposition et ce *state-building*, et enfin à assumer leurs déclarations de façon transparente. L'Union européenne pourrait reprendre les différents projets de règlement du conflit qui ont été élaborés au tournant des années 2000[22], et qui, cartes en mains, ont envisagé notamment des échanges de territoires.

Pour l'instant, la Commission a d'ores et déjà annoncé qu'elle vérifiait très précisément et de façon pérenne l'utilisation des financements européens pour s'assurer que le Hamas n'en bénéficie pas[23]. L'UE serait également là où on l'attend en déployant son savoir-faire pour que les crimes sexuels et les crimes de masse de civils israéliens perpétrés par le Hamas le 7 octobre 2023 fassent l'objet d'un procès international et soient qualifiés. Elle le serait également en engageant son expertise juridique et politique pour évaluer la guerre entre Israël et le Hamas au regard des « principes du droit des conflits armés[24] ». C'est à l'aune de ce type de capacités et de volontés que l'on pourra juger de la portée d'une UE qui assume de ne pas être une puissance au Proche-Orient, mais d'y être influente et géopolitique par le magistère de sa parole, de ses valeurs pluralistes et démocratiques, de sa paix intérieure depuis trois générations, de son marché, de ses échanges, de sa culture et de sa diplomatie riche de « 27 quai d'Orsay » et de celui de l'UE dénommé SEAE (service européen pour l'action extérieure).

Conclusion

En dépit du maintien de la règle de l'unanimité dans ce domaine comme dans celui de la politique étrangère, il est notable que les Européens mènent une politique russe et ukrainienne à la fois très cohérente et très ferme. Pour beaucoup d'observateurs, c'est inattendu. Sans livrer la guerre sur le champ de bataille, l'Union européenne est très impliquée dans le soutien à l'Ukraine qui se défend contre l'État russe qui l'a attaquée et envahie. Ce faisant, les pays européens mettent en forme, concrètement, une politique étrangère et de défense européenne. L'une des conséquences de cette guerre est que l'Union européenne, qui s'est construite dans l'indifférence à la puissance et dans la préférence collective pour l'influence, l'échange et l'interdépendance, est en train de se demander comment adapter ce positionnement ontologique et pratique pour rester, non seulement influente, mais libre et indépendante.

L'UE a réagi à ce choc externe par la mise en place de politiques publiques inattendues et inédites. Dans une situation nouvelle et qu'ils n'avaient pas anticipée, les Européens n'ont été ni tétanisés ni déroutés ; ils ont agi avec célérité et cohérence, de façon ordonnée. Ils ont défini rapidement un diagnostic, des objectifs et des moyens de les atteindre. Avoir décidé de mettre en œuvre ces politiques est inattendu car l'ordre constitutionnel européen et le système politique européen ont été conçus en dehors d'un contexte de crise à résoudre. Ce fait est encore plus vrai en politique étrangère et de défense. Dans ce domaine, les dirigeants européens qui se succèdent depuis plusieurs décennies ont maintenu l'unanimité, c'est-à-dire le droit de veto. Ils limitent la mutualisation de la souveraineté dans ce domaine. Dans les cultures politiques et les imaginaires politiques nationaux, la résolution des crises et la défense du territoire national sont racontées et (souvent) ressenties comme relevant des exécutifs nationaux. Force est de constater que les Européens ont adapté leur système politique et institutionnel à la situation nouvelle du « retour de la guerre en Europe ».

Face au conflit, l'Union européenne témoigne de robustesse : celle-ci réside dans sa capacité à prendre des décisions très rapidement, dans sa détermination et dans sa cohésion. Durant trois années successives, dans un temps court (2020-2023), tout en maîtrisant le Brexit, l'UE a témoigné sa capacité à faire face à deux grands chocs : le Covid-19 et l'invasion russe de l'Ukraine. Confrontés à ces deux événements de nature si différente, les dirigeants politiques européens ont réussi à relancer l'Union européenne. Cette relance prend cette fois la forme d'une sorte de capacité étatique : l'UE se comporte comme un État, c'est-à-dire qu'elle est un acteur étatique qui met en œuvre à l'échelle supranationale et avec la méthode adéquate des politiques qui répondent aux attentes des citoyens. C'est une évolution amorcée par la réponse au Covid et accélérée par l'invasion de l'Ukraine. Ces décisions européennes alimentent le diagnostic selon lequel l'UE se forge dans la contrainte, et qu'elle trouve des solutions à son développement et à son ancrage dans les chocs et les crises.

Le choix fort de l'UE qui est d'isoler l'État russe et de soutenir l'Ukraine n'est pas (encore ?) de nature à provoquer la défaite de l'armée russe, ni son retrait d'Ukraine, ni l'interruption du projet de Poutine d'asservir celle-ci coûte que coûte. Comme on le pressentait au premier jour du conflit, les précédents des guerres en Tchétchénie et en Syrie servent de matrice à la guerre en Ukraine. Le but est de régner sur un territoire. S'il faut pour cela y détruire les villes, y tuer une partie importante de sa population et en faire fuir la majorité de ses habitants, peu importe.

Face à cette perspective, la politique européenne inclut le choix de la non-intervention militaire sur le théâtre d'opération ukrainien. Ce choix est-il le plus censé et le plus raisonnable, en ce sens qu'il évite à coup sûr le risque que la guerre s'étende au territoire de l'UE ? Il évite, selon une formule célèbre, « d'ajouter la guerre à la guerre », et le risque (mais non la certitude) d'ajouter des destructions colossales à des destructions déjà imposantes. Ce choix repose sur le fait que la Russie dispose d'une force de frappe conventionnelle considérable malgré l'usure et la gabegie, et d'une force de frappe nucléaire phénoménale. Il repose aussi sur le postulat que les Européens ne seront pas agressés par l'armée russe car ils sont membres de l'Otan dont le principal membre, les États-Unis, est la première puissance militaire mondiale. Toutefois, ce choix rationnel est aussi celui de la résignation à ne pas intervenir militairement, d'aucune façon, pour arrêter la conquête de l'Ukraine par la Russie et défaire l'armée russe. Ce choix est révélateur de ce qu'est l'Union européenne et de ce qu'elle n'est pas, et des ressources qu'elle décide de mobiliser pour faire face à une menace extrêmement dangereuse.

Face à la guerre d'invasion russe de l'Ukraine, les citoyens européens veulent être défendus par l'UE. Pour autant, les citoyens européens ne sont pas prêts à mourir ni pour l'Ukraine ni pour l'UE. C'est en tous les cas ce que l'on peut inférer des enquêtes eurobaromètres. Elles témoignent d'une demande d'État européen, elles ne témoignent pas d'un patriotisme européen. On peut y voir l'indice d'une vulnérabilité européenne qui est comme le pendant de sa robustesse : l'aversion au risque d'un « pays » dont la population est de moins en moins jeune.

La réponse au Covid-19 a souligné plusieurs fragilités structurelles apparues dans l'histoire récente des Européens dont la politique vaccinale est un révélateur. Le fait de procéder à des achats groupés de vaccins a été une très bonne initiative. S'il n'y avait pas eu cette stratégie d'achats groupés de vaccins, les États membres de l'Union européenne auraient passé leurs commandes en ordre dispersé et se seraient concurrencés entre eux. Cependant, la Commission européenne agissant pour les 27 a aussi cherché à obtenir les prix les plus bas possibles. Au vu de l'urgence sanitaire, cela a été une mauvaise idée. Mais Bruxelles a voulu négocier les prix au plus juste pour être en phase avec une partie significative de l'opinion publique européenne se défiant des bénéfices énormes que certaines entreprises pharmaceutiques allaient peut-être réaliser avec la vaccination contre l'épidémie. Les Européens, contrairement aux Israéliens et aux Britanniques, ont par ailleurs refusé d'utiliser la procédure dite d'autorisation de mise sur la marché en urgence pour les vaccins contre le Covid-19. Ils ont utilisé une autorisation de mise sur le marché conditionnelle après avoir bien étudié les données scientifiques. Sur ce point, on ne peut pas se contenter de pointer l'administration européenne. Cette décision prise par la Commission et les gouvernements européens tous ensemble reflète le fait que la société européenne se caractérise par une aversion au risque plus grande, et une appétence pour l'innovation ou pour la témérité moindre, qu'au Royaume-Uni, aux États-Unis ou même en Chine. Démographiquement vieillissante, l'Europe est devenue une région du monde moins hardie qu'ailleurs. Enfin, les Européens ont réalisé qu'en quinze ans, ils se sont débarrassés de la production de certains produits de santé de base, comme les masques. En calant leurs stratégies industrielles sur la division internationale du travail et la théorie de l'avantage comparatif des nations qu'optimise le commerce mondial, les Européens (industriels, secteur bancaire, autorités politiques, consommateurs) se sont cru habiles et économes. Ils ont été téméraires, ils ont manqué de vision stratégique et prospective.

La crise sanitaire a aussi dévoilé l'existence d'un certain retard technologique et industriel de l'Europe, dont celui de la France sur une innovation majeure, les vaccins à ARN messager. Le problème ne date pas d'aujourd'hui : la part du produit intérieur brut (PIB) qui finance la recherche-développement est en Europe structurellement plus faible que dans les autres pays de l'OCDE : plus faible qu'au Japon et en Corée, plus faible qu'aux États-Unis. L'Union européenne n'est pas restée inerte face à ce sujet. Elle a créé un programme cadre pour la recherche et l'innovation qui mobilise chaque année 7 % du budget de l'UE. Apparemment modestes, ces montants ont un effet de levier important car il s'agit uniquement de crédits d'investissement. Pour autant, la recherche-développement est principalement à la main des États et des entreprises. Comparé aux autres pays de l'OCDE, en France et dans beaucoup pays de l'UE, les entreprises du secteur privé sous-investissent dans la recherche-développement. Le cas Sanofi a sorti cette réalité de la pénombre. Distanciée dans la création d'un vaccin, elle valorise depuis une quinzaine d'années ses produits et ses technologies qui se vendent très bien, avec des rentes de situation, et investit proportionnellement moins dans l'innovation et l'avenir. On en revient à l'aversion au risque. Si l'action massive de la BCE, comme le plan de relance financé par des bons du Trésor émis par l'UE, témoigne d'une capacité renouvelée des Européens à inventer de la cohésion et de la solidarité utiles à tous, la pandémie révèle les faiblesses des Européens en tant que société :

un peu vieillissants, trop précautionneux, moins réactifs, moins agiles qu'ailleurs.

La guerre en Ukraine a aussi fait prendre conscience des vulnérabilités et des dépendances de l'UE au-delà des questions militaires : énergie, matières premières, espace, digital/cyber, sécurité maritime. Des réponses – impensables il y a encore quelques années – ont été apportées en matière de politique industrielle (diversification des sources d'approvisionnement, contrôle des stocks, des investissements, des exportations, nouveaux partenariats public-privé). C'est que la représentation d'une Union européenne dépendante est récente[1]. Jusqu'en 2019, et depuis de nombreuses années, les Européens ont fait le pari de l'interdépendance. Ce pari est une version récente de l'avantage comparatif et de la spécialisation à l'échelle mondiale. Les Européens ont fait le pari que la taille de leur marché rendrait leurs fournisseurs dépendants d'eux, tandis que la mondialisation des chaînes de valeur ont dilué le risque de dépendance à un pays fournisseur comme à tout type de monopole. Le fait est que ce pari, avec les paramètres dont disposent les Européens dans les années 1990, est loin d'être inconséquent.

Le Covid et l'invasion de la Russie par l'Ukraine ont changé la donne en transformant l'interdépendance en dépendance. Déjà en 2019, la Commission européenne prend acte au nom de l'UE que la République populaire de Chine, fondant depuis 2012 sa politique mondiale sur une critique et une rivalité idéologiques des politiques européennes et occidentales, n'est plus seulement un très important partenaire commercial mais aussi un rival, pour ne pas dire une menace.

De fait, l'inflexion de la politique chinoise de l'Europe date des premiers mois de l'année 2019, soit un an avant le surgissement du Sars-Cov 2. En mars 2019[2], la Commission européenne alors dirigée par Jean-Claude Juncker démontre pourquoi elle refuse de caractériser l'économie chinoise « d'économie de marché » et comment, au contraire, la Chine doit être qualifié non seulement de « concurrent économique » mais aussi de « rival systémique » de l'Union européenne[3].

Aussi, en mars 2020, les Européens sont capables de percevoir avec la grille de lecture adaptée l'inflexion agressive et inamicale de l'État chinois manifestée lors de la pandémie de janvier à mai 2020. S'inscrivant dans ce nouveau sillon, la

Commission présidée par Ursula Von der Leyen a publié en juin 2020 un livre blanc qui a incité les États membres et le Parlement européen à adopter un ensemble de mesures législatives qui étendent aux entreprises des pays-tiers agissant sur le marché européen la législation sur les aides d'État[4]. Il s'agit notamment d'empêcher la concurrence déloyale opérée par les entreprises chinoises sur les marchés publics européens et dans le cadre de leurs projets de chantiers d'infrastructures de transport et de communication insérés dans la politique des nouvelles routes de la soie. Dans le même esprit, et de façon d'ores et déjà opérationnelle dans le cadre de ses prérogatives existantes, la Commission européenne a décidé de se doter d'un nouvel outil dans sa stratégie de défense contre les subventions chinoises. La Commission a enfin ouvert une enquête pour suspicion de concurrence faussée dans le domaine des batteries électriques et des véhicules électriques[5].

Les dirigeants de l'UE, aiguillonnés notamment par quelques commissaires européens, dont Thierry Breton, s'accordent depuis plusieurs mois maintenant sur l'idée que les Européens parviennent à être le plus autonomes possible, c'est-à-dire à compter le moins possible sur des fournisseurs localisés dans des États qui ne visent pas l'interdépendance mais la polarisation, l'accroissement de leur puissance économique et la monopolisation des ressources. L'expression d'autonomie stratégique recouvre cette prise de conscience. L'objectif d'autonomie stratégique s'incarne dans de nouvelles politiques publiques et dans un infléchissement de trajectoire de politiques publiques en place depuis plus de trente ans.

Les Européens se dotent ainsi à l'échelle de l'UE d'une relance des politiques de soutien public à des filières industrielles. Ils le font notamment par une atténuation de l'encadrement strict des aides d'État aux entreprises mis en place pour construire le marché unique ; par une extension des règles et des normes qui garantissent une concurrence équitable entre les entreprises européennes et non européennes ; par une suspension des règles de l'Union économique et monétaire qui encadrent la dépense publique (critères dit de Maastricht) ; par un renforcement du contrôle des rachats d'entreprises et des IDE par des investisseurs non européens.

Depuis 2023, l'Union européenne est en train de renouer avec la mise en place d'une politique industrielle volontariste, tombée en désuétude dans les années 1980, lorsque l'Europe des Douze et la Commission Delors misent sur l'égalisation des conditions de la concurrence, la fin des monopoles nationaux et les fonds structurels pour mettre en place le marché unique et promouvoir la compétitivité des entreprises et le développement économique. Cette politique a notamment pris le nom de « pacte vert industriel ». Elle prend acte de l'ampleur des subventions publiques de l'industrie en Chine et aux États-Unis. En même temps que la Commission européenne autorise de déroger à l'interdiction des aides d'État, elle fait accepter par les États et le Parlement européen un programme d'investissement européen (Invest EU), un programme de financement de production d'énergies renouvelables en Europe (Repower EU), un programme de financement de relance de la production des puces électroniques (semi-conducteurs) en Europe (le Chips Act européen), un programme de financement de relance de l'industrie minière – ce Critical Raw Materials Act vise à extraire en Europe 10 % et y raffiner et y transformer 40 % des métaux rares consommés tout en diversifiant auprès de pays réputés sûrs l'essentiel des approvisionnements, alors que ceux-ci proviennent en très grande partie de Chine. Ces orientations sont pertinentes car cohérentes avec l'objectif d'autonomie. L'UE en fait-elle assez[6] ?

L'avenir dira si ce nouveau cours des politiques publiques européennes contribuera à affranchir l'économie européenne des dépendances géoéconomiques et géopolitiques qui la caractérisent pour partie, tout en maintenant la compétitivité de ses entreprises industrielles. Plusieurs cas nous rappellent qu'il ne suffit pas d'adopter une législation et de programmer des subventions publiques pour qu'une société, ses universités et ses entreprises fassent de l'innovation, du risque, du développement de secteurs ou de biens industriels inédits et de la compétitivité des entreprises une préférence collective et une priorité.

Il en est ainsi de l'industrie des panneaux solaires, abandonnée au profit de biens importés de Chine ; ou encore de l'industrie automobile, dont les dirigeants n'ont pas voulu ou pas su prendre le tournant de la voiture électrique et de la production de batteries, tout en trichant à grande échelle sur les émissions de GES et de particules fines ; sans même parler ici de l'insignifiance des entreprises européennes dans le domaine du numérique et de l'internet.

Cette stratégie est indissociable du soutien que les Européens apportent à l'Ukraine et de leur opposition ferme à l'impérialisme russe. L'une et l'autre sont les deux faces d'une même réponse qui requiert sang-froid et ténacité. Dans la guerre d'attrition entre l'Ukraine et la Russie, si la Russie a de plus en plus de difficultés à engager un armement moderne, elle peut encore continuer à mobiliser des stocks très nombreux, même vieux. De même, malgré les pertes très significatives (au moins 80 000 morts et 250 000 blessés), la Russie conserve un avantage démographique, car l'État rétribue très généreusement l'enrôlement militaire de ses citoyens. La politique industrielle et l'objectif d'autonomie doivent inclure une coordination, une convergence et même une rationalisation de la base industrielle et technologique des industries de défense[7]. Les Européens en sont loin. Il est vrai qu'ils se concurrencent entre eux sur les marchés à l'exportation d'armes, l'un des secteurs d'excellence des pays européens[8] ! Fin 2023, ils ne s'étaient pas mis en capacité de produire le million d'obus promis aux Ukrainiens : seul un tiers a été livré. Le solde le sera, mais avec du retard. Pourtant, les Européens pourraient approfondir cette facilité européenne pour la paix qu'ils utilisent déjà et en faire une immense centrale d'achat et de groupement de matériel militaire et d'équipement des armées européennes. La détermination des Ukrainiens à résister à l'armée russe et à reconquérir les 20 % de leur territoire conquis et occupés par celle-ci est immense. Mais leurs ressources humaines sont celles d'un pays de 40 millions d'habitants, et le mental de cette nation en arme peut-il ne pas s'éroder dans une longue guerre d'usure et si létale ?

L'ingéniosité et les capacités des forces armées ukrainiennes forcent l'admiration des observateurs et des professionnels. Les Européens n'ont pas fini de tirer les leçons de l'efficacité et de la plasticité de la défense territoriale ukrainienne, dont le réseau d'unités faiblement armées, décentralisées et autonomes a fait échouer l'offensive initiale de la gigantesque armée russe – certes fort défaillante sur le plan logistique – qui n'a pu prendre Kyiv. Les forces armées ukrainiennes ont ainsi perdu moins d'hommes que l'armée russe – mais c'est tout de même une saignée de plusieurs dizaines de milliers de tués et de blessés. Elles sont parvenues à arrêter l'offensive russe au printemps 2022, puis à la faire refluer et à la fixer à l'Est d'une ligne Kherson-Bakhmout à l'automne de la même année.

Ces faits entrent en résonance avec le fait que plusieurs pays de l'UE riverains de la Baltique et peu peuplés ont mis en place des dispositifs analogues de type défense territoriale après 2014 pour faire face à une éventuelle agression ou à d'éventuelles incursions militaires. À l'Est et au Nord de l'UE, il y a une conscience forte des 2 257 km de frontières partagés avec la Russie.

D'autre part, cette guerre d'artillerie et de tranchées oblige les Européens et tous les membres de l'Otan à réviser leur doctrine sur les modes opératoires, le niveau des stocks et l'intensité de l'entretien du matériel. Par exemple, la France peut-elle encore envisager son armée uniquement comme une armée de projection sur des théâtres d'opérations extérieurs ? L'Allemagne peut-elle encore envisager que seul un tiers de ses appareils soit pleinement opérationnel à l'instant t[9] ? Les Européens peuvent-ils continuer à diminuer la part de leurs dépenses militaires dans leurs dépenses publiques comme c'est la tendance depuis une génération ? Cette tendance avait commencé à s'infléchir en raison des demandes formulées par les administrations

Obama et Trump. Depuis février 2022, elle s'inverse dans plusieurs pays, notamment en Pologne, en Allemagne et en France. Ces choix seront-ils soutenus dans la durée ?

Comme en écho, la contre-offensive de l'Ukraine du printemps 2023 a certes buté sur une défense en lignes très épaisses installées par l'armée russe durant l'hiver 2022-2023 : elle n'a pu ni percer ni déplacer le front. Toutefois, ce relatif échec a été favorisé par le manque de munitions et de matériel, c'est-à-dire par le relatif manque de ressources et de moyens dégagés par les Européens à destination des forces armées ukrainiennes. Cette limite n'est pas sans écho avec le décrochage relatif de l'UE dans les domaines des industries de pointe, de la recherche-développement et de la prise de risque. L'aversion au risque trouve d'ailleurs ici une résonance : les Européens ont fini par se décider à livrer des chars, dont les fameux Léopard allemands – mais ils ont mis du temps. Ils ont fini par livrer des avions de chasse, mais là aussi après une longue réflexion, une longue délibération, et un temps de préparation matériel et logistique incompressible qui repousse à 2024 la concrétisation de cette décision. La robustesse et l'audace dont les Européens ont fait preuve en 2020 face au Covid et en 2022 aux côtés de l'Ukraine méritent d'être rejouées en 2024 : il revient aux Européens d'oser livrer leurs avions de chasse pour le ciel ukrainien.

Cette question de *l'intensité* de l'engagement européen aux côtés des Ukrainiens est présente depuis le début de celui-ci. On en donnera pour témoignage la visite du président Volodymyr Zelensky en Europe de février 2023, la première depuis le début de l'invasion, et le discours du Haut représentant de l'UE Josep Borrell à la conférence de Munich dix jours plus tard. Dans l'hémicycle du Parlement européen à Bruxelles qui lui réserve une *standing ovation* le 10 février, Zelensky énonçait notamment que « Nous [l'Ukraine] avons besoin de canons d'artillerie, d'obus, de chars modernes, de missiles à longue portée, d'une aviation moderne. Je suis reconnaissant à tous ceux qui fournissent une telle assistance armée. Nous devons renforcer la dynamique de notre coopération, nous devons agir plus vite que l'agresseur ». Le 19 février, dans son discours à la conférence annuelle sur la sécurité de Munich, Borrell déclarait en écho que « Volodymyr Zelensky et les Ukrainiens reçoivent beaucoup d'applaudissements et pas assez de munitions.

C'est le paradoxe. Il faudrait qu'ils soient moins applaudis et mieux approvisionnés en armes. »

Les Européens ont pris très rapidement en février 2022 la décision de soutenir l'effort de guerre de l'Ukraine agressée. Pour autant, fin décembre 2023, ils n'ont pas encore fait de ce soutien la première de leur politique publique. Ils n'ont pas pris la décision de tendre vers une économie de guerre, c'est-à-dire une économie dans laquelle l'effort productif serait prioritairement orienté vers la victoire militaire de l'Ukrainc. Et ce alors même qu'ils contribuent d'ores et déjà à financer la reconstruction de l'Ukraine au fur et à mesure des destructions infligées par les bombardements russes sur les villes, les réseaux critiques et les civils d'Ukraine. Au moment où le Conseil européen des chefs d'État et de gouvernement décidait le 15 décembre 2023 d'ouvrir les négociations d'adhésion avec l'Ukraine et la Moldavie, professionnels et experts des politiques étrangères et de défense de l'Europe n'ont pas manqué d'alerter les décideurs – et les électeurs – sur la nécessité de faire du soutien à la défense de l'Ukraine leur priorité de l'année 2024[10]. Ce serait un choix conséquent au vu de l'investissement déjà entrepris depuis deux ans, et considérant que le projet impérialiste et colonial de l'État russe concurrence dangereusement, par la violence, la construction européenne d'un territoire supranational, interdépendant, pacifié et démocratique qui s'étend par attraction et libre choix des sociétés. Laisser gagner la Russie revient à exposer l'Europe à une vulnérabilité permanente.

Franchir ce pas est d'autant plus nécessaire que les Européens doivent se préparer à faire fonctionner l'Otan et soutenir l'Ukraine même si les États-Unis mènent à nouveau à partir de 2025 une politique souverainiste comme cela a été le cas de 2016 à 2020. Les Européens ont renoncé à être une puissance, et ils sont en paix intérieure depuis trois générations. Malgré leurs limites, ils disposent des ressources non seulement pour le rester, mais aussi pour faire respecter cet acquis inestimable par une Russie impérialiste et violente. À eux de choisir de les mobiliser. Aux Européens de choisir entre la vulnérabilité et la robustesse.

Notes

Introduction. Guerre et paix

1. Charles Tilly, *Contrainte et capital dans la formation de l'Europe* (990-1990), Paris, Aubier, 1992 ; « La guerre et la construction de l'État en tant que crime organisé », Jean-Louis Briquet (dir.), *Les Mafias, Politix*, 2000/1, vol. 13, n° 49, p. 97-117.

2. Hagen Schulze, *État et nation dans l'histoire de l'Europe*, Paris, Seuil, 1996, voir notamment « Qu'est-ce qu'un État national ? », p. 225.

3. Jean Monnet, *Mémoires*, Paris, Fayard, 1976, p. 488.

4. Il arrive que des crises traînent en longueur ; qu'à d'autres, les Européens trouvent des solutions, sans pour autant relancer leur construction commune ; il arrive aussi que l'Europe n'ait pas besoin de crise pour faire un coup d'éclat (s'intégrer davantage).

5. Marc Joly, *Le Mythe Jean Monnet*, Paris, CNRS éditions, 2007.

L'Union européenne : une succession de crises et de relances ? (1950-2020)

1. Eugen Weber, « Hexagone », *in* Pierre Nora (dir.), *Les Lieux de mémoires. II-La nation 2-Le territoire, l'État, le patrimoine*, Paris, Gallimard, 1986, p. 96-116.

2. Ulrich Beck, « Nationalisme méthodologique – cosmopolitisme méthodologique : un changement de paradigme dans les sciences sociales », *Raisons politiques*, 2014, 54, p. 103-120.

3. Sylvain Kahn, « Should Europe Disturb Historians ? On the Importance of Methodology and Interdisciplinarity », *Eur Law Journal*, 2022, 28(4-6), p. 124-133.

4. Outre la Suède, la Bulgarie, la Roumanie, la Hongrie, la Pologne et la République tchèque n'ont pas adopté l'euro.

5. Le processus de ratification est resté suspendu dans sept États membres.

6. La crise de la zone euro prend fin avec la clôture du troisième plan d'aide à la Grèce et son retour sur les marchés pour financer son budget. Jacques Adda, « Grèce : retour à l'indépendance financière ? », *Alternatives économiques*, vol. 381, n° 7, 2018, p. 38.

7. Ulrich Beck, *Non à l'Europe allemande*, Préface de D. Cohn-Bendit, Paris, Autrement, 2013.

8. Jan-Werner Müller, Entretien avec Nathalie Sarthou-Lajus (2019), « Un "moment" populiste en Europe », *Études*, 2019, 23-28. Pierre Rosanvallon, « Penser le populisme », *La Vie des idées*, 2011.

9. Sylvain Kahn, « Droites extrêmes : la conversion à l'Europe », *Schuman Papers*, 20 mai 2019, n° 516, Fondation Robert Schuman.

10. Ils sont respectivement dirigeant du Front national, du PVV (Parti pour la liberté), de l'AfD (Alternative pour l'Allemagne), du FPÖ (Parti de la liberté) et de la Ligue du Nord.

11. Le Traité sur la stabilité, la coordination et la gouvernance de 2012, entré en vigueur en 2013, est couramment appelé pacte budgétaire européen. Le Mécanisme européen de stabilité, mis en place la même année, en est l'instrument permanent de gestion des crises des dettes souveraines du type de celles apparues en 2010.

12. Ernst Cassirer (1932), *La Philosophie des Lumières*, trad. et présentation P. Quillet, Paris, Fayard, 1996.

13. Zeev Sternhell, « Les Anti-Lumières contre l'humanisme », entretien, *Humanisme*, vol. 297, n° 3, 2012, p. 30-37.

14. Sylvain Kahn, « Victor Orban est le Dark Vador de l'Union européenne », *Le Taurillon*, 8 mai 2018.

15. Sylvain Kahn, « Pour les Britanniques, sortir de l'Union européenne n'a servi à rien », *Le Monde.fr*, 13 octobre 2022. Sylvain Kahn et Jacques Lévy, *Le Pays des Européens*, chap. 5, Paris, Odile Jacob, 2019.

16. Réunion de Messine en 1955 débouchant sur le traité de Rome ; sommet de La Haye en 1969 débouchant sur l'élargissement de 1973 ; Conseil européen de Fontainebleau en 1984 débouchant sur l'Acte unique européen.

L'Europe face au Covid

1. Conclusions du Conseil européen, 17 au 21 juillet 2020, p. 1 : « Il s'agit d'un effort de relance extraordinaire destiné à faire face aux effets d'une crise sans précédent dans le meilleur intérêt de l'UE », écrivent les dirigeants de l'UE.

2. Pierre Hassner, « Empire », *in* Y. Bertoncini, T. Chopin, A. Dulphy, S. Kahn et C. Manigand (dir.), *Dictionnaire critique de l'Union européenne*, Paris, Armand Colin, 2008, p. 141-143.

3. Valérie Lelièvre, « La BCE poursuit son resserrement monétaire mais doit composer avec de fortes incertitudes », *The Conversation*, 7 février 2023.

4. « Lettera di Ursula von der Leyen, presidente della Commissione europea a *Repubblica* », *Repubblica.it*, 1er avril 2020.

5. Appelé CFP : cadre financier pluriannuel.

6. L'expression a été proposée par Jacques Delors. Voir Gaëtane Ricard-Nihoul, *Pour une fédération européenne d'États-nations. La vision de Jacques Delors revisitée*, Bruxelles, Larcier, 2012.

7. Boris Julien-Vauzelle, « Plan de relance : 10 points sur les progrès de NextGenerationEU », Le Grand Continent, 25 octobre 2023.

8. Chiffres UE+AELE au 31 décembre 2021, hors Royaume-Uni. Sandrine Levasseur, « Bilan humain de deux ans de pandémie à l'échelle de l'Union européenne », Blog, OFCE, 11 mars 2022.

9. Ursula von der Leyen a présenté son programme aux députés, Actualité, Parlement européen, 16 juillet 2019.

10. Luuk van Middelaar, *Quand l'Europe improvise. Dix ans de crises politiques*, Paris, Gallimard, 2018.

Europe-Russie : la confrontation vitale des contraires

1. Matthias Thiemann, « La reconstruction de l'Ukraine : un tournant pour l'Union européenne ? », *Cogito, le magazine de la recherche*, Sciences Po, 27 octobre 2023.

2. Article 42.7 du traité sur l'Union européenne.

3. Eugène Berg, « L'entrée de l'Ukraine dans l'Otan, mission impossible ? Une histoire compliquée », *e-RDN*, août 2022.

4. Jean-Sylvestre Mongrenier, « Le possible élargissement de l'Otan à l'Ukraine doit être sérieusement considéré et discuté », *Le Monde*, 1er mars 2023.

5. Et les guerres coloniales ? De 1945 à 1974, elles ont été les dernières expériences guerrières éprouvées et livrées par des pays européens – au sens d'une mobilisation qui touchait leur société tout entière. Il est exact de rappeler que, depuis, quelques pays européens se caractérisent par leurs opérations militaires extérieures. Précisément, il semble que ces opex ne sont pas des faits de nature à relativiser ce qui précède, mais à conforter ce qui précède. Les opex d'armées professionnelles de pays européens du demi-siècle écoulé présentent notablement plus de différences que de ressemblances tant avec les guerres coloniales qu'avec les armées coloniales. Voir par exemple : Jean Saintot, « Militaires français en Opex et populations locales », *Les Champs de Mars*, 2009, vol. 20, n° 1, p. 35-55 ; Michel Goya, « La guerre de trois mois : l'intervention française au Mali en perspectives », *Politique étrangère*, 2013, n° 2, p. 157-168.

6. Zaki Laïdi, *La Norme sans la force. L'énigme de la puissance européenne*, Paris, Presses de Sciences Po, 2005, rééd. 2013.

7. Zaki Laïdi, (2013), *Le Reflux de l'Europe*, « Comment l'Europe a perdu son leadership sur le climat », Paris, Presses de Sciences Po, « Références », 2013, p. 49-63 et 50.

8. Zaki Laïdi (2019). « L'Europe au défi du moment gaullien », *Le Débat*, 2019, 206, p. 48-59.

9. On se réfère ici à la nomenclature que Joseph Nye inspire à Frédéric Munier, « Puissance et géopolitique », *in* Guibourg Delamotte et Cédric Tellenne (dir.), *Géopolitique et géoéconomie du monde contemporain*, Paris, La Découverte, 2021, p. 9-29. La situation de l'Europe dans le monde se caractérise bien davantage par l'attraction et la séduction que par le commandement, la coercition, l'incitation et la maîtrise de l'agenda.

10. Paul Magnette, *L'Europe, l'État et la démocratie. Le souverain apprivoisé*, Bruxelles, Complexe, 2000, p. 157.

11. Jean-Marc Ferry, *Europe, la voie kantienne. Essai sur l'identité postnationale*, Paris, Cerf, « Humanités », 2005, p. 154-155.

12. Yann Richard et Sylvain Kahn, « Unthought and Unrepresentable ? The European Territorial Paradox », *European Journal of Geography*, 2020, 11 (1).

13. Isabelle Mandraud et Julien Théron, *Poutine, la stratégie du désordre*, Paris, Taillandier, 2021 ; Pierre Buhler, « La guerre d'Ukraine et l'histoire de l'Europe : la fin d'une illusion », Le Grand Continent, 14 septembre 2023.

14. Selon différentes estimations, on dénombre 15 000 morts et 1,5 million de personnes déplacées dans cette guerre du Donbass (2014-2022).

15. Sylvain Kahn et Jacques Lévy, *Le Pays des Européens*, « La Russie n'est pas un voisin », *op. cit.*, p. 135-142.

16. Jean-Sylvestre Mongrenier et Françoise Thom, *Géopolitique de la Russie*, « Le projet eurasiatique du pouvoir russe », Paris, Puf, 2018, p. 45-80.

17. Marc-Antoine Eyl-Mazzega, « Les conséquences de la guerre d'Ukraine pour le secteur de l'énergie », *Politique étrangère*, 2022, p. 67-79.

18. Cette analyse est également étayée par Sylvie Kauffmann, *Les Aveuglés, comment Berlin et Paris ont laissé la voie libre à la Russie*, Paris, Stock, 2023 et par Marion Van Renterghem, *Le Piège Nord Stream*, Paris, Arènes, 2023.

L'Union européenne ou l'État des Européens

1. Milan Kundera, *Un Occident kidnappé, ou la tragédie de l'Europe centrale* (1983), Paris, Gallimard, 2021, p. 47.

2. Luba Jurgenson, « Juger les crimes de guerre russes », *Cités*, 2023/2, n° 94, p. 149-153.

3. Pēteris F. Timofejevs, « Radical-Right Parties, their Foreign Policy Positions on Russia and in the European Parliament. A Comparison of Latvia and Estonia », *Revue d'études comparatives Est-Ouest*, Introduction, 2022/2, n° 2, p. 29-53.

4. Gilles Ivaldi, « La guerre en Ukraine peut-elle ouvrir un nouveau cycle d'extrême-droite en Europe ? »,

Cogito le magazine de la recherche, Sciences Po, 2 novembre 2023.

5. « Guerre en Ukraine : quels sont les montants des aides de l'Union européenne depuis 2022 ? », Touteleurope.eu, 6 juillet 2023.

6. L'Estonie, la Lettonie et la Lituanie ont été annexées par l'URSS en 1940 ; la Finlande a été envahie par l'Armée rouge en 1939, a résisté, a cédé la Carélie, annexée par l'URSS en 1940, et a limité sa politique étrangère dans le cadre de son « traité d'amitié » de 1948 avec l'URSS ; en Bulgarie, en Roumanie, en Hongrie, en Pologne, en Tchécoslovaquie et dans la partie orientale de l'Allemagne, l'URSS a imposé des régimes et des dirigeants communistes et alignés sur sa politique au sortir de la Seconde Guerre mondiale.

7. Sergueï Tchernychev, « Le peuple russe vit peut-être le meilleur moment de sa vie », *Le Monde*, 2 décembre 2023.

8. Bastien Nivet, « La puissance ou l'influence ? Un détour par l'expérience européenne », *Revue internationale et stratégique*, 2013, vol. 89, n° 1, p. 83-92.

9. « Habituellement, les compétences régaliennes de l'État renvoient à ses fonctions essentielles et premières, à savoir l'édiction des normes (législation, réglementation), la sanction de ceux qui les méconnaissent (justice et police) et la mise en œuvre d'une diplomatie et la conduite de la guerre. » Kévin-Ferdinand Ndjimba, « La prise en charge par le droit

international de la fragilité régalienne des États », *Civitas Europa*, 2012, 28, p. 55-78, 55.

10. Sylvain Kahn et Pierre Mennerat, « 10 points sur le mythe franco-allemand dans la construction européenne », *Le Grand Continent*, 20 janvier 2023.

11. Ukraine Support Tracker Data, Kiel Institute, *Ukraine Support Tracker Data*, Kiel IFW, septembre 2023.

12. Olaf Scholz, « Discours au Bundestag du 27 février 2022 sur le "changement d'époque" », *in* Pierre Mennerat, « Le jour où la politique étrangère allemande a changé », *Le Grand Continent*, 28 février 2022. « Discours de Prague : comprendre le tournant de Scholz sur l'Union », *Le Grand Continent*, 29 août 2022.

13. Significativement, les gouvernements de Vilnius et Berlin ont annoncé le 18 décembre 2023 l'installation permanente d'une brigade de 4 800 soldats allemands sur le territoire lituanien. Le « changement d'époque » se traduit par une politique de sécurisation du territoire de l'UE. « Le flan oriental s'est désormais déplacé vers l'Est et il est du devoir de l'Allemagne de le protéger », a indiqué Boris Pistorius, ministre de la Défense allemand.

14. Sylvain Kahn, « Dans la guerre d'Ukraine, l'Union européenne se révèle-t-elle comme l'État des Européens ? », *in* Claudia Senik (dir.), *Un monde en guerre*, Paris, La Découverte, 2024, p. 75-87.

15. Jusqu'alors la PESD s'est caractérisée par des opex (opérations extérieures) : projections de forces dans un cadre

civilo-militaire pour maintenir une paix fragile et construire un État (cas de l'ex-Yougoslavie), ou pour mettre fin à la piraterie au large de la Corne de l'Afrique (opération Atalante).

16. Gilles Ivaldi, « La guerre en Ukraine peut-elle ouvrir un nouveau cycle d'extrême-droite en Europe ? », art. cit.

17. Dietlind Stolle et Thomas Gareau-Paquette, « Dans certains pays européens, il existe un décalage notable entre un important soutien gouvernemental à l'Ukraine et une opinion publique plus ambivalente », *Le Monde*, 31 octobre 2023.

18. Albanie, Bosnie-Herzégovine, Macédoine du Nord, Monténégro, Serbie.

19. Vagues des pays du Nord-Ouest des années 1970, du Sud des années 1980, des pays neutres des années 1990, des pays ex-communistes des années 2000.

20. Sylvain Kahn, « Union européenne : le bel avenir de l'élargissement », Fondation Jean-Jaurès, 27 juin 2023.

21. Emmanuel Kant, *Vers la paix perpétuelle* (1795), trad. F. Proust, Paris, Flammarion, « GF », 1991.

22. Sommet de Taba (2001), plan de paix saoudien (2002), sommet de Charm el-Cheikh (2002), conférence d'Annapolis (2007), plan Olmert (2007).

23. Alexandra Brzozowski, « Les États membres divisés sur l'interruption de l'aide européenne à la Palestine », *Euractiv*, 10 octobre 2023.

24. Voir Michel Goya, « Combien de morts ? », Blog *La Voie de l'épée*, 12 novembre 2023.

Conclusion

1. Maud Gatel et Didier Quentin, Rapport d'information sur le sujet de l'autonomie stratégique de l'Union européenne n° 4822, 15e législature, Assemblée nationale, 16 décembre 2021.

2. « EU-China – A Strategic Outlook », Communication de la Commission Européenne, 12 mars 2019.

3. François Godement, « L'Europe face à la Chine : une révolution copernicienne », Institut Montaigne, 22 mars 2019.

4. « *Le problème est que nos entreprises sont pénalisées pour avoir respecté les règles, tandis que les entreprises de Chine et d'autres pays tiers bénéficient d'un financement public excessif* », Thierry Breton, commissaire au marché intérieur, Entretien à *Ouest France*, 18 juin 2020. Ce dernier et Margrethe Vestager, commissaire à la Concurrence depuis 2014, ont préparé ce livre blanc et la directive qui en découle. Leurs directions générales se sont nourries de nombreuses remontées de terrain. Elvire Fabry, dans « Europe-Chine : répondre à la hauteur des enjeux », site Notre Europe, 8 avril 2019, mentionne ainsi : « Les rapports annuels de la Chambre de commerce européenne en Chine [qui] en font clairement état : fermeture

des marchés publics et discrimination à l'égard des entreprises étrangères, restrictions à l'investissement, transferts de technologies forcés, implantation en Chine suspendue à une obligation de licence dont l'octroi par les administrations centrales et locales reste discrétionnaire, opacité des réglementations chinoises, etc. ». Autre occurrence : le blog de l'Institut Montaigne mentionne, le 23 janvier 2019, les inquiétudes identiques de la Fédération des industries allemandes (BDI).

5. Sylvain Kahn, Estelle Prin, « Sur l'Europe, avec la Covid-19, la Chine tombe le masque », *Question d'Europe*, 7 septembre 2020, n° 569, Fondation Robert Schuman.

6. Yves Jégourel et Sylvain Kahn, « Face à la concurrence de la Chine et des États-Unis, mettons en place une vraie politique européenne des matières premières », *Le Figaro.fr*, 5 décembre 2023.

7. François Lureau, « Une industrie de défense compétitive, condition et enjeu d'une politique européenne de défense », *Annales des Mines – Réalités industrielles*, vol. 2018, n° 1, 2018, p. 35-41.

8. « D'après l'Institut international de recherche sur la paix de Stockholm (SIPRI), sur la période 2000-2020, les 27 États membres actuels de l'UE représentaient près d'un quart (24 %) du total des exportations mondiales d'armes. [...] Parmi les 25 plus grands exportateurs d'armes entre 2016 et 2020, on retrouve huit pays de l'Union : la France (3e), l'Allemagne

(4e), l'Espagne (7e), l'Italie (10e), les Pays-Bas (11e), la Suède (15e), la Tchéquie (23e) et le Portugal (25e) », Les Verts/ALE au Parlement européen, « Foire aux questions sur les exportations d'armes de l'Union européenne », *Policypaper*, 12 octobre 2021.

9. Franz-Josef Meiers, « Le budget de la défense allemand pris au piège de l'objectif des 2 % ? La capacité opérationnelle de la Bundeswehr soumise à un “test de résistance” », *Allemagne d'aujourd'hui*, vol. 235, n° 1, 2021, p. 52-64. Dans le même temps depuis 2022, la fourniture d'armements à l'Ukraine par les Européens et leur réarmement mettent à nu l'incapacité des États membres à s'approvisionner en matériel produit par les industries de défense européennes d'une part et une préférence pour le développement de projets industriels nationaux et rivaux d'autre part. Voir Max Bergmann, Pierre Morcos, Colin Wall et Sean Monaghan, « Transforming European Defense », Center for Strategic and International Studies (CSIS), août 2022.

10. Par exemple : Pierre Haroche, Ronja Kempin *et al.*, « En Ukraine, l'Europe vit son “moment Démosthène” », *Le Monde.fr*, 13 décembre 2023 ; Collectif, « Sans un passage à une économie de guerre des pays occidentaux, la stratégie de Moscou risque d'être payante », *Le Monde.fr*, 14 décembre 2023. Michel Duclos « c'est en prenant une plus grande part à la défense de l'Ukraine que l'Europe peut se protéger des effets d'un retour de Trump », *Le Monde.fr*, 28 décembre 2023.

Table

Composition et mise en pages
Nord Compo à Villeneuve-d'Ascq

Imprimé en France
par la Nouvelle Imprimerie Laballery
rue Louis Blériot 58500 Clamecy
janvier 2024 - N° 312627

La Nouvelle Imprimerie Laballery est titulaire de la marque Imprim'Vert®